Spanish 2

¡nuevos amigos!

Activities

Third Edition

bju press
Greenville, South Carolina

Note
The fact that materials produced by other publishers may be referred to in this volume does not constitute an endorsement of the content or theological position of materials produced by such publishers. Any references and ancillary materials are listed as an aid to the student or the teacher and in an attempt to maintain the accepted academic standards of the publishing industry.

Spanish 2: ¡Nuevos Amigos! Student Activities
Third Edition

Coordinating Writer
Andrew Wolfe, MDiv

Writer
Antonio Moyano, MA

Consultants
Amos Kasperek, PhD
L. Michelle Rosier

Biblical Worldview
Bryan Smith, PhD
Tyler Trometer, MDiv

Academic Oversight
Jeff Heath, EdD
Rachel Santopietro, MEd

Editor
Heather Lonaberger, MA

Project Coordinator
Kyla J. Smith

Designers
Ciara Chafin
Briseydi Rouse

Cover Illustrator
Cynthia Long

Page Layout
Lydia Thompson

Illustrators
Margaret Barbi
Manny Juah
Kathy Pflug

Permissions
Tatiana Bento
Ashleigh Schieber
Elizabeth Walker

Photo credits appear on page 291.

The text for this book is set in Adobe Minion Pro, Adobe Myriad Pro, Century Schoolbook by Monotype Typography, Times New Roman, and Zapf Dingbats.

ISBN 978-1-62856-620-8

15 14 13 12 11 10 9 8 7 6 5 4 3 2

To the student

Learning to communicate successfully at the intermediate level of Spanish is a difficult but rewarding task. After you complete this Activities book you will have progressed even beyond that point. Your hard work will pay off!

When comparing the activities in your textbook with the exercises in this Activities book, you will notice a key difference. Your Spanish textbook is designed to provide practice in negotiating meaning, acquiring new words and structures, and above all, applying interpersonal communication skills. The Activities book, on the other hand, is designed to help you gain a conceptual mastery of the language.

As you work through these exercises, first review the grammar explanations, *notas de lengua*, and *más información* boxes in the textbook. Then complete the exercises without consulting the textbook (unless specified in the instructions). If you have difficulty with an exercise, review the material and then try again. Remember, the more strongly you master these concepts, the more success you will experience in class when working through the textbook activities.

This Activities book contains several listening exercises (identified by this icon 🔊). These will give you the opportunity to listen to and understand Spanish as spoken by native speakers. All the audio files you need for completing these exercises can be accessed at AfterSchoolHelp.com. To locate a file on the website, search for the exercise number. For example, type "Ejercicio 2-3" in the search box to find the audio for the third exercise in Capítulo 2. If there are multiple search results, select the one for Spanish 2. For ease of use, the audio files may be downloaded ahead of time.

Nombre ____________________

EL ALFABETO, LA ORTOGRAFÍA Y LAS EXPRESIONES

El abecedario

The Spanish alphabet contains 27 letters: 22 consonants and 5 vowels. The chart below lists the symbols of the Spanish alphabet, the name of each symbol, and the approximate pronunciation. When spelling a word with a written accent mark, say "*con acento*" after the vowel (e.g., "*Olé* is spelled *o*, *ele*, *e con acento*.").

símbolo	nombre	pronunciación básica	ejemplos
a	a	f**a**ther	mamá
b	be	**b**oy	bebé
c	ce	**c**ar (ca-, co-, cu-) **s**ell (ce-, ci-)	cola, caña, cucú césped, ciclo
d	de	**d**ate bro**th**er	doy codo (between vowels)
e	e	d**a**te	este
f	efe	**f**air	elefante
g	ge	**g**o (ga-, go-, gu-) **h**ello (ge-, gi-)	gato, gol, gustar gente, gigante
h	hache	(*H* is silent.)	hola
i	i	kn**ee**	Iberia
j	jota	**h**ello	joya
k	ka	**k**ite	kilo
l	ele	**l**emon	limón
m	eme	**m**aybe	medio
n	ene	**n**ever	nunca
ñ	eñe	o**ni**on	mañana
o	o	**o**ld	hola
p	pe	**p**epper	tipo
q	cu	**c**ake	bosque
r	erre	bu**tt**er	hora
s	ese	**s**et	siesta
t	te	**t**ea	todo
u	u	f**oo**d	uno
v	uve	**b**oy	viernes
w	uve doble	(*W* only appears in borrowed words such as *waterpolo* or *Washington*.)	
x	equis	ta**xi** **h**ello	taxi México (exception)
y	ye	**y**esterday	ayer
z	zeta	**s**ay	zebra

In addition to the letters and basic sounds listed on the previous page, Spanish also employs several digraphs (pairs of letters that represent a single sound).

dígrafo	pronunciación básica	ejemplos
ch	chair	cuchara
gu	game	guitarra guerra
ll	yellow	amarillo
rr	(not used in English) The tongue rapidly taps the gum ridge behind teeth.	perro
qu	keg	queso

Ejercicio A: El abecedario

Listen to different ways *c*, *g*, and *x* can be pronounced in Spanish. Repeat each word you hear.

1. cucú
2. ciclo
3. gato
4. gigante
5. taxi
6. México

Ejercicio B: ¡A escuchar!

Write each word you hear.

1. ______________
2. ______________
3. ______________
4. ______________
5. ______________
6. ______________

Nombre ____________________

La ortografía española

While Spanish generally follows the same rules as English for capitalization and punctuation, there are some exceptions. You should be aware of the following exceptions, which will be used throughout Spanish 2.

regla	ejemplos
For titles of books, movies, and plays, only the first word and proper nouns are capitalized.	*El alcalde de Zalamea*
Names of the days of the week and months of the year are not capitalized.	No tengo clase los sábados o los domingos. Mi cumpleaños es en enero.
Titles that accompany names are not capitalized, but their abbreviations are capitalized.	Él es el señor Ruiz. Él es el Sr. Ruiz. Ella es la doctora Martínez. Ella es la Dra. Martínez.
Names of languages are not capitalized.	Hablo español, francés y polaco.
In addition to closing punctuation marks (?, !), an inverted question mark (¿) or an inverted exclamation point (¡) is used to show where a question or an exclamation begins.	¿Cómo te llamas? María, ¿qué comes? ¡Qué lástima!

Expresiones útiles para la clase

The following chart includes a list of practical expressions you may hear or use in the classroom.

expresión	traducción
Levanten la mano.	Raise your hand.
Bajen la mano.	Lower your hand.
Escuchen lo siguente.	Listen to the following.
Repitan conmigo.	Repeat with me.
Levántense./Párense.	Stand up.
Siéntense.	Sit down.
Abran sus libros a la página ___.	Open your books to page ___.
Cierren sus libros.	Close your books.
Entréguenme su tarea de ayer.	Turn in your homework from yesterday.
Anoten la calificación en la parte arriba de la hoja.	Write the grade on the top part of the page.
¿Hay preguntas?	Are there any questions?
Préstenme su atención.	Give me your attention.
Por favor.	Please.
Gracias.	Thank you.
De nada.	You're welcome.
¿Me pasan un tissue?	Could you pass me a tissue?
¿Cómo se dice ___ en español?	How do you say ___ in Spanish?
¿Puedo ir al baño, por favor?	May I go to the restroom, please?

Ejercicio C: En la clase de español

Listen to each classroom command and indicate the action the teacher wants the students to do.

1. The teacher wants the students to practice their vocabulary.
   The teacher wants the students to pay attention.

2. The teacher wants the students to open their textbooks to page 46.
   The teacher wants the students to open their textbooks to page 64.

3. The teacher wants the students to answer the activity questions.
   The teacher wants the students to turn in their homework from yesterday.

4. The teacher wants the students to put the grade at the top of the page.
   The teacher wants the students to put their books away.

5. The teacher is telling the class to stay seated.
   The teacher is giving someone permission to go to the bathroom.

Nombre ______________________________

Expresiones útiles para la oración

The following chart includes a list of expressions often used in prayer.

expresión	traducción
¡Oremos! / ¡Vamos a orar!	Let's pray!
Padre nuestro (que estás en los cielos)	our Father (who is in heaven)
Padre celestial	heavenly Father
Señor	Lord
Gracias por . . .	Thank you for . . .
Te damos las gracias por . . .	We thank you for . . .
la salvación en Cristo	salvation in Christ
tu amor/protección/cuidado	your love/protection/care
la familia	family
los amigos	friends
la escuela	school
los profesores	teachers
la comida	food
el sol	the sun
la lluvia	the rain
el nuevo amanecer	a new dawn
otro día de vida	another day of life
ayudarnos con las clases	helping us with our classes
sanar nuestras enfermedades	healing our sicknesses
morir en la cruz por nosotros	dying on the cross for us
Te pedimos por . . .	We ask for . . .
Marcos/Marta, que está enfermo/a	Mark/Martha, who is sick
Marcos/Marta, que está mal	Mark/Martha, who is not well
el profesor	the teacher
el pastor	the pastor
el misionero	the missionary
tu bendición en la clase	your blessing in class
tu ayuda con el examen	your help with the test
tu presencia con nosotros	your presence with us
Te lo pedimos . . .	We ask this . . .
. . . en el nombre de Jesús, amén.	. . . in Jesus' name, amen.

Diálogo 1-1: Nuevos amigos

Ejercicio 1-1

On page 2 of your textbook, read the introduction about Itzel, a student who lives in San Marcos. Then listen carefully to Diálogo 1-1 (pages 4–5 in your textbook). Pay special attention to the descriptions of people. Match each description with the correct Spanish adjective from the dialog.

_____ 1. sweet, loving, and gentle

_____ 2. industrious and hardworking

_____ 3. enjoyable and pleasant to be with

_____ 4. grave and serious

_____ 5. married

_____ 6. elderly

_____ 7. young

_____ 8. daydreaming

_____ 9. talkative and chatty

A. mayores
B. dulces
C. divertida
D. soñador
E. jóvenes
F. casado
G. trabajadores
H. serio
I. habladora

Ejercicio 1-2

Label in Spanish some of the places that are mentioned in Diálogo 1-1, indicating the country in the box below each map. You may refer to page 8 in your textbook.

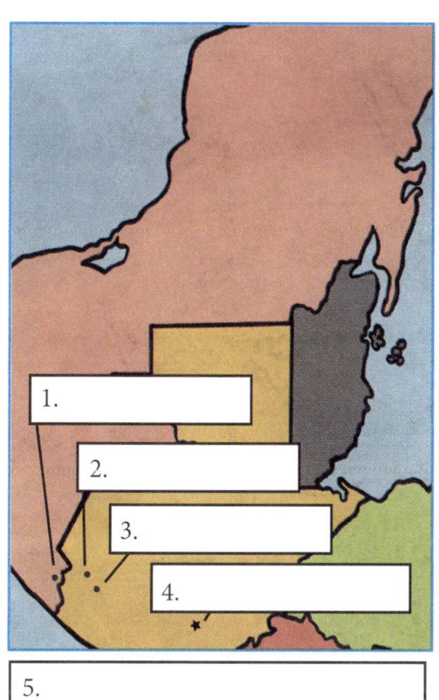

5. ______________________

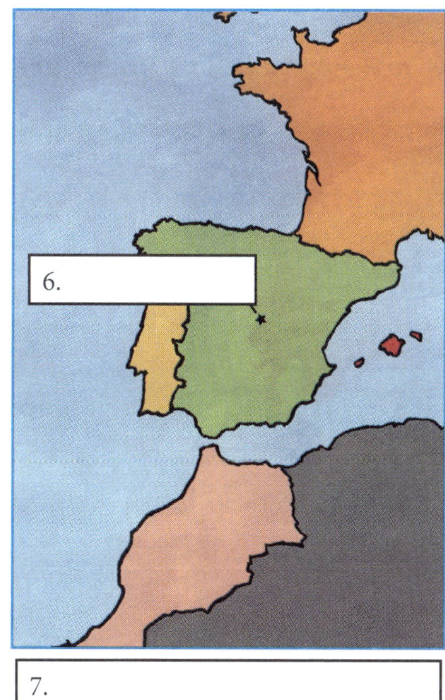

7. ______________________

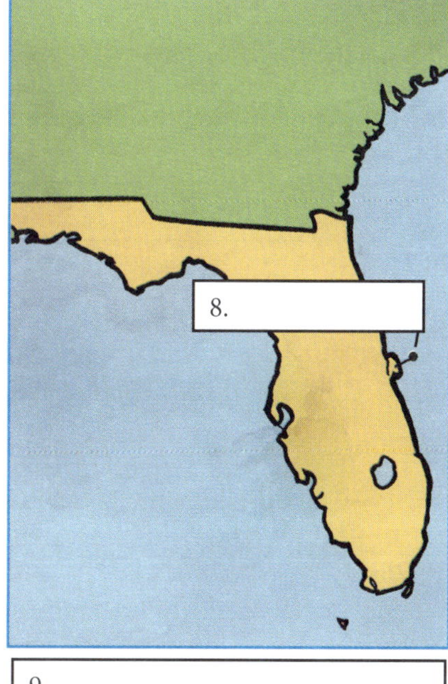

9. ______________________

Ejercicio 1-3

Listen as Mateo, a friend whom you just met, describes his family. Fill in the name of each family member and his or her relationship to Mateo in the appropriate place on the family tree.

Ejercicio 1-4

Read the questions below. Then listen to Diálogo 1-1 again. Answer questions 1–4 in English.

1. What do you think Itzel and Juan are discussing, since they just met each other?

____

____

2. Whose family is more widely spread out—Juan's or Itzel's?

____

3. How would you describe Itzel?

____

4. What does Juan imagine himself as?

____

5. How do Itzel and Juan introduce themselves? Write the phrases in Spanish.

____

Interpretive reading and listening			
I can understand the main idea of this dialog about Itzel and Juan.			

Nombre ___________________________

LOS MIEMBROS DE MI FAMILIA

La familia

Ejercicio 1-5

Draw your family tree. Include parents, siblings, grandparents, uncles, aunts, and cousins. Write the relationship next to each name (e.g., *Mark, mi papá*).

Ejercicio 1-6

Indicate whether each statement is *cierto* or *falso*.

cierto/falso 1. El hijo de tus padres es tu hermano.

cierto/falso 2. La madre de tu abuelo es tu abuela.

cierto/falso 3. La hija de tus padres es la nieta de tus abuelos.

cierto/falso 4. Tus primas son los hijos de tus tíos.

cierto/falso 5. Tus sobrinos son los hijos de tu hermano.

cierto/falso 6. Tu cuñada es la hermana de tu madre.

cierto/falso 7. El yerno de tu padre es el esposo de la hija de tu padre.

cierto/falso 8. Tu hermanastra es la hija de tu padre pero no de tu madre.

Las nacionalidades

Ejercicio 1-7

Fill in the blanks with the correct nationality or country (indicated in parentheses).

1. Tengo un primo ________________________. Vive en ________________________. (Canada)
2. La familia de mi amiga es de ________________________ en Centroamérica.

   Son ________________________. (Nicaragua)
3. No conozco el país de ________________________, pero conozco a unos ________________________. (France)
4. La familia de mi madre viene de ________________________, así que tenemos raíces

   ________________________. (England)
5. Cuando viajo a otros países y me preguntan, "¿De dónde eres?" contesto, "Soy de

   ________________________." (the United States)
6. Si me preguntan, "¿Eres norteamericano?" respondo, "Sí, soy ________________________." (the United States)

Communication			
I can identify members of my family and where they are from.			

 Nombre ______________________

CONEXIONES CULTURALES CON EL PRESENTE

Expresando cariño en la familia

Ejercicio 1-8

Mark each statement *cierto* or *falso* based on the information in the *Conexiones culturales* feature on pages 10–11 of your textbook.

cierto/falso 1. Expresar cariño quiere decir demostrar el amor en la manera que hablamos.

cierto/falso 2. El diminutivo de *Juan* es *Juanitito*.

cierto/falso 3. Es muy común decir "abuelito" o "abuelita" cuando se refieren a los abuelos.

cierto/falso 4. *Yayo* y *yaya* se usan para demostrar cariño hacia los abuelos en algunos países.

cierto/falso 5. En los países hispanohablantes, no se usan *cuñado/a* o *suegro/a* como nombres.

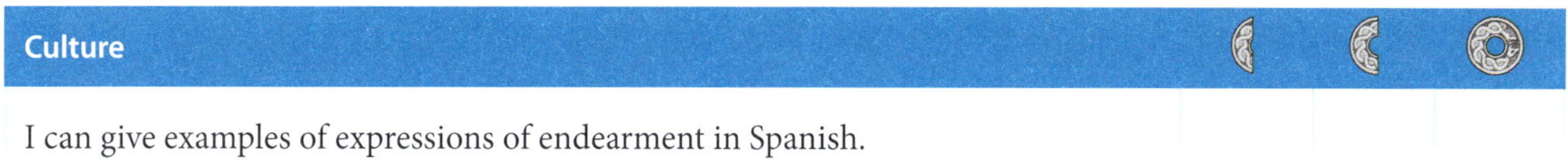

I can give examples of expressions of endearment in Spanish.

 Nombre ______________________

¿CÓMO ES MI FAMILIA?

Los verbos *ser* y *tener*

Ejercicio 1-9

Answer each question with a complete sentence in Spanish.

1. ¿Cuántos años tienes?
   ____
2. ¿Qué tan alto eres? ¿Eres bajo/a, normal o alto/a?
   ____
3. ¿Eres una persona valiente o eres miedoso/a?
   ____
4. ¿Tienes miedo de las arañas?
   ____
5. Por lo general, ¿cuándo tienes hambre? ¿Antes o después de comer?
   ____
6. Normalmente, ¿tienes frío o calor en la escuela?
   ____

La personalidad

Ejercicio 1-10

Answer each of the following questions using at least three personality traits.

1. ¿Cómo te describes a ti mismo? ¿Cómo eres?
   ____
2. ¿Qué piensas de tus compañeros de clase? ¿Cómo son?
   ____
3. ¿Cómo es Dios?
   ____

Los intensificadores

Ejercicio 1-11

Add an appropriate intensifier for each personality trait from Ejercicio 1-10.

1. ¿Cómo te describes a ti mismo? ¿Cómo eres?

   ____

2. ¿Qué piensas de tus compañeros de clase? ¿Cómo son?

   ____

3. ¿Cómo es Dios?

   ____

Las comparaciones

Ejercicio 1-12

Fill in the blanks with appropriate adverbs from the word bank to compare your family members.

igual de / que	más / que	menos / que	tan / como

1. Mi mamá es ____________ chistosa ____________ mi papá.
2. Mi papá es ____________ calmado ____________ mi mamá.
3. Soy ____________ fuerte ____________ mi papá.
4. Soy ____________ tacaño/a ____________ mis hermanos.
5. Mi tío es ____________ simpático ____________ mi tía.
6. Mi tía es ____________ nerviosa ____________ mi tío.
7. Mi hermano/a es ____________ responsable ____________ yo.
8. Mi abuelo es ____________ generoso ____________ mi abuela.
9. Mi abuela es ____________ sabia ____________ mi abuelo.
10. Mi mamá es ____________ dulce ____________ mi abuela.

Nombre ____________________

Ejercicio 1-13

Write the sentence that means the opposite by either using the opposite adjective or changing the comparison word. Consult the list of *características personales* on page 30 of your textbook for more adjectives.

1. Timoteo es tan grosero como Marcos.

   ____

2. Mi amigo es más torpe que yo.

   ____

3. Es una persona muy antipática.

   ____

4. Alberto es más confiado que Marcos.

   ____

5. Mi perro es tan tranquilo como mi gato.

   ____

Communication			
I can describe and compare my family's personality traits.			

 Nombre ______________________

Diálogo 1-2: *Arqueología sin Fronteras*

Ejercicio 1-14

Use the schedules for Itzel's and Juan's parents to select the correct answer for each question.

Horarios de los papás de Itzel Rodríguez y de Juan Pérez			
	el desayuno	el trabajo (lunes a viernes)	la cena
Sr. Rodríguez	6:30 de la mañana	de 9:00 a 6:00	7:00 de la tarde
Sra. Rodgríguez	6:30 de la mañana	de 8:00 a 2:00	7:00 de la tarde
Sr. Pérez	7:00 de la mañana	de 9:00 a 8:30[1]	9:00 de la noche
Sra. Pérez	6:30 de la mañana	de 8:00 a 12:00[2]	6:00 de la tarde

[1] también los sábados

[2] solamente los lunes, los miércoles y los viernes

1. ¿Cuándo desayunan los papás de Itzel?
   A. a las seis de la mañana
   B. a las seis y media de la mañana
   C. a las siete de la mañana

2. ¿Cuándo trabaja el Sr. Rodríguez?
   A. de las nueve de la mañana a las ocho y media de la noche
   B. de las nueve de la mañana a las seis de la tarde
   C. de las ocho de la mañana a las dos de la tarde

3. ¿Cuándo trabaja la Sra. Pérez?
   A. de las nueve de la mañana a las ocho y media de la noche
   B. de las ocho de la mañana a las dos de la tarde
   C. de las ocho de la mañana a las doce del mediodía los lunes, los miércoles y los viernes

4. ¿Cuándo sale del trabajo la Sra. Rodríguez?
   A. a las dos de la tarde
   B. a las doce del mediodía
   C. a las seis de la tarde

5. ¿Qué días de la semana trabaja el Sr. Pérez?
   A. los lunes, los miércoles y los viernes
   B. de lunes a sábado
   C. de lunes a viernes

Ejercicio 1-15

Listen carefully to Diálogo 1-2 (pages 16–17 in your textbook). Then match the appropriate meaning to the word or phrase from the dialog.

_____ 1. What brings you to ___?

_____ 2. city hall, municipality

_____ 3. school (high school)

_____ 4. I like ___.

_____ 5. to teach, to show

_____ 6. to put or place an object

_____ 7. to introduce someone

_____ 8. this, that, that over there

_____ 9. I am learning.

_____10. Would you like ___?

_____11. fans, enthusiasts

_____12. young, youthful

_____13. seriously

_____14. I would love ___.

A. poner
B. ¿Qué les trae a ___?
C. el colegio
D. esta, esa, aquella
E. presentar
F. enseñar
G. la municipalidad
H. Me gusta ___.
I. Estoy aprendiendo.
J. aficionados
K. joven
L. ¿Te gustaría ___?
M. en serio
N. Me encantaría ___.

Ejercicio 1-16

Write the Spanish phrase used in Diálogo 1-2 that matches the given English translation.

1. my dad is going to open

____

2. What a coincidence!

____

3. and I also am going to study there

____

4. leaves for

____

5. leaves from

____

6. Are you serious?

____

 Nombre ______________________

Ejercicio 1-17

Read the introduction for Diálogo 1-2 on page 16 of your textbook, then listen to the dialog again for understanding. Answer the following questions in English.

1. Why did Juan's family move to San Marcos?

____

____

2. What was Itzel's surpise after Juan explained that his mother will be teaching at Colegio Evangélico?

____

____

3. What does Itzel offer to do for Juan on Monday?

____

____

4. What could Juan hardly believe after Itzel mentions her Christian friends that meet online?

____

____

Interpretive reading and listening			
I can comprehend Itzel and Juan's discussion about their families' schedules.			

Nombre ______________________________

MI FAMILIA Y SU RUTINA DIARIA

Las profesiones

Ejercicio 1-18

Listen to the descriptions of different professions. As you listen, label the corresponding picture with the name of the profession.

1. ______________________

2. 

3. ______________________

4. 

5. ______________________

6. ______________________

¿Recuerdas los tipos de verbos?

1

Ejercicio 1-19

Complete each sentence with the most logical phrase.

_____ 1. En mi casa comemos ____.

_____ 2. Mi mamá habla por teléfono ____.

_____ 3. Mi profesor escribe ____.

_____ 4. En mi familia los muchachos ____.

_____ 5. Bebemos chocolate caliente ____.

_____ 6. ¿Viven ustedes en una casa ___?

_____ 7. Caminamos a la escuela ____.

_____ 8. Los niños reciben sus regalos ____.

_____ 9. ¿Comprendes la tarea ___?

_____10. Abro la puerta de mi casa para ____.

_____11. En mi casa sirvimos ____.

A. sacan la basura de la casa
B. porque está cerca de la casa
C. cada día con mi papá
D. dejar pasar el perro
E. muchas galletas de chocolate
F. o en un departamento
G. nuestra tarea en la pizarra
H. el postre con la comida
I. cuando hay nieve afuera
J. de matemáticas
K. de Navidad con mucha alegría

Ejercicio 1-20

Fill in each blank with the appropriate form of the correct verb in parentheses.

Hola. Me llamo Enrique. Quiero hablarles un poquito de mi familia y de nuestra rutina diaria. Yo ________________ (ir/vivir) en una familia bastante ocupada. Mi papá ________________ (trabajar/caminar) de lunes a sábado. ________________ (estar/ser) agricultor y ________________ (manejar/reparar) un tractor desde temprano en la mañana hasta la tarde. A veces ______________ (visitar/reparar) el tractor cuando no anda bien. Mi mamá ______________ (leer/vender) productos de belleza en casa. Les ______________ (pesar/cobrar) a sus clientes por los productos y luego les ______________ (servir/cobrar) un café. Siempre hay personas que nos ______________ (visitar/observar). Nosotros ______________ (necesitar/anunciar) limpiar nuestra casa todos los sábados para que siempre *esté*[1] presentable. Mis hermanos ______________ (repartir/caminar) de casa a la escuela, pero yo ______________ (tomar/estudiar) el autobús. Los domingos mi familia y yo ______________ (predicar/ir) a la iglesia y ______________ (cantar/hablar) himnos de adoración. Luego ______________ (recetar/escuchar) el sermón del pastor. Lo bueno es que los domingos ______________ (evangelizar/descansar) en casa.

[1] may be

 Nombre ______________________

Ejercicio 1-21

Read each statement and decide whether it is *cierto* or *falso* based on Ejercicio 1-20.

cierto/falso 1. Enrique y su familia viven en el campo.

cierto/falso 2. El padre de Enrique sabe mucho de mecánica.

cierto/falso 3. La madre de Enrique compra productos de belleza de sus clientes.

cierto/falso 4. Enrique y sus hermanos viven lejos de la escuela.

cierto/falso 5. Enrique predica el sermón los domingos.

Ejercicio 1-22

Choose the verb that best fits the sentence. Write the conjugated form to complete the sentence.

administrar	diseñar	manejar	predicar	trabajar
cuidar	enseñar	operar	servir	vender

1. El arquitecto ______________ los planos de una casa nueva.
2. El carnicero ______________ la carne a los clientes a buen precio en el supermercado.
3. La profesora nos ______________ la lección de matemáticas a nosotros.
4. Nosotros ______________ a las personas que necesitan nuestra ayuda inmediata en el hospital.
5. Los misioneros ______________ el evangelio a todas personas en la ciudad.
6. El taxista ______________ el taxi desde el centro hasta el destino que el cliente le dice.
7. ¿Vosotras ______________ de ocho a cinco en una oficina?
8. Las enfermeras ______________ a los pacientes hasta que se mejoran.
9. El director ______________ todos los asuntos importantes de la escuela.
10. Los camareros ______________ la comida de una forma eficiente y amable.

La rutina diaria

1

Ejercicio 1-23

Listen to the descriptions of daily routines. As you hear a routine described, label the corresponding picture with the correct reflexive verb.

se afeita	se ducha	se lava	se peina
se baña	se duerme	se levanta	se viste

1. ______________

2. ______________

3. ______________

4. ______________

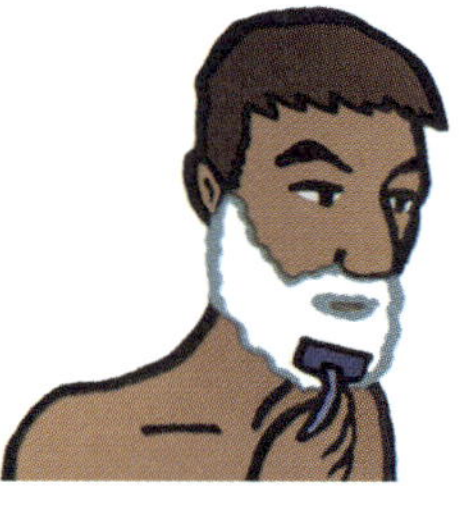

5. ______________

6. ______________

7. ______________

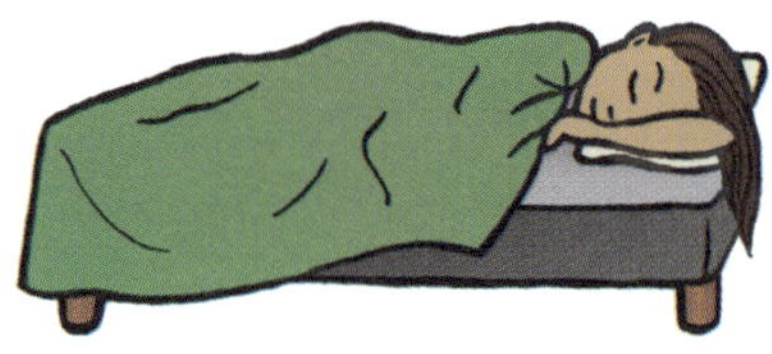

8. ______________

Nombre ______________________________

Ejercicio 1-24

Match the Spanish phrase to the correct English meaning. Then complete the phrase with the correct pronoun.

_____ 1. __________ afeitas la cara.

_____ 2. __________ lava las manos.

_____ 3. __________ cepillo los dientes.

_____ 4. __________ acuestas.

_____ 5. __________ levantas.

_____ 6. __________ peino el pelo.

_____ 7. __________ maquilla la cara.

_____ 8. __________ visto.

_____ 9. __________ duchas.

_____10. __________ sentáis.

_____11. __________ dormimos.

A. You get up.
B. He/she washes his/her hands.
C. You shave your face.
D. I get dressed.
E. She puts makeup on her face.
F. We fall asleep.
G. I brush my teeth.
H. You lie down.
I. You sit down.
J. You take a shower.
K. I comb my hair.

Ejercicio 1-25

Answer the following questions about your schedule.

1. Por lo general, ¿a qué hora te levantas los sábados?

   ____

2. ¿Te cepillas o te peinas el pelo?

   ____

3. ¿Te acuestas antes o después de las once de la noche los sábados?

   ____

4. Por lo general, ¿prefieres bañarte o ducharte?

   ____

5. Generalmente, ¿te sientas o te acuestas para estudiar?

   ____

¿Con qué frecuencia?

Ejercicio 1-26

Answer the following questions, using the correct form of the verb and adding an appropriate frequency adverb.

1. ¿Te despiertas a las seis de la mañana?

 ____

2. ¿Caminas a la escuela?

 ____

3. ¿Haces las tareas en la escuela?

 ____

4. ¿Tomas café?

 ____

5. ¿Lavas los platos después de comer?

 ____

Communication			
I can describe daily routines in my family.			

 Nombre ____________________

CONEXIONES CULTURALES CON EL PASADO

La familia maya

Ejercicio 1-27

Read each statement and indicate whether it is *cierto* or *falso* based on the information in the *Conexiones culturales* feature on pages 24–25 of your textbook.

cierto/falso 1. No sabemos mucho de las familias mayas del pasado.

cierto/falso 2. Alrededor de 90% de los mayas *trabajaban*[1] en la agricultura.

cierto/falso 3. La nixtamalización es un proceso importante para los que consumen mucho maíz.

cierto/falso 4. Ya no se comen tamales ni en Guatemala ni en México.

cierto/falso 5. La pelota en el juego de pelota maya *se hacía de goma*[2] y *era pesada*[3].

Culture			
I can describe aspects of family life in early Mayan society.			

[1] worked
[2] was made of rubber
[3] was heavy

¿CÓMO ES MI VIDA DIARIA?

Las palabras interrogativas

Ejercicio 1-28

Complete each sentence with the correct interrogative word.

cómo	cuándo	cuántas	por qué
cuál	cuánta	cuántos	qué
cuáles	cuánto	dónde	quién

1. ¿______________ está tu escuela?
—Está cerca de mi casa.

2. ¿______________ es tu color favorito?
—Es el azul cielo.

3. ¿______________ llevas el libro de historia en tu mochilla?
—Porque tengo un examen mañana.

4. ¿______________ estudiantes hay en tu clase de español?
—Hay quince estudiantes.

5. ¿______________ te gusta hacer los sábados?
—Me gusta jugar con mi perro.

6. ¿______________ está de salud tu hermano?
—Está muy enfermo.

7. ¿______________ personas viven en tu casa?
—Hay seis personas en mi familia.

8. ¿______________ es ese estudiante nuevo?
—Se llama Mateo.

9. ¿______________ son los sabores de helado que te gustan?
—Me gustan la vainilla, el chocolate y la fresa.

10. ¿______________ termina el año escolar?
—Termina en mayo.

11. ¿______________ dinero tienes contigo?
—Tengo diez dólares.

12. ¿______________ gente hay en este restaurante?
—No sé. Me parece que son más que cien personas.

Ejercicio 1-29

Answer the following questions.

1. ¿Cómo se llama tu profesor o profesora de español?

   ____

2. ¿Cuántos alumnos hay en tu clase de español?

   ____

3. ¿Dónde vas para hacer tu tarea, por lo general?

   ____

4. ¿Cuándo estudias para tus exámenes?

   ____

5. ¿Por qué vas a la escuela?

   ____

Communication			
I can ask and answer basic questions in Spanish.			

Diálogo 2-1: Escuela nueva

Ejercicio 2-1

Paso 1

Read and listen to Diálogo 2-1 (pages 34–35 in your textbook). Then for each word or phrase below, write the expression from the dialog that has the same meaning.

______________________ 1. ¿Cómo estás?

______________________ 2. te doy un tour de, te muestro

______________________ 3. salón de clase

______________________ 4. el estudio de las ciencias de la información y las computadoras

______________________ 5. salón con libros que la gente puede llevar a casa y luego devolverlos

______________________ 6. planta de un edificio

______________________ 7. lugar o espacio donde se juega baloncesto u otros deportes de pelota

______________________ 8. mesa de oficina o clase

______________________ 9. en este momento preciso

______________________ 10. clases que el estudiante escoge

Paso 2

Match each definition with the correct word from Diálogo 2-1. Not all words will be used.

astronomía	chistosa	exigente	física	horario	matemáticas
capilla	contabilidad	filosofía	historia	literatura	química

______________________ 1. Una tabla con las clases y las horas se llama ___.

______________________ 2. Una persona que cuenta historias o anécdotas graciosas es una persona ___.

______________________ 3. Una persona que es estricta y rigurosa es una persona ___.

______________________ 4. El lugar o el servicio religioso en una escuela cristiana se llama ___.

______________________ 5. El estudio de la materia y sus características se llama ___.

______________________ 6. El estudio de los planetas y el universo se llama ___.

______________________ 7. El estudio de las leyes de la naturaleza se llama ___.

______________________ 8. El estudio de los números o símbolos abstractos se llama ___.

______________________ 9. El estudio de los eventos del pasado se llama ___.

Ejercicio 2-2

Read Diálogo 2-1 again, then answer the questions in English.

1. How does Juan feel on his first day of class?

   ____

2. Why does Itzel show Juan the school facilities?

   ____

3. What makes Juan happy in the new school?

   ____

4. How many floors does the school have?

   ____

5. What technology in the classroom surprises Juan?

   ____

6. After seeing the school facilities, what do Itzel and Juan do?

   ____

Ejercicio 2-3

Itzel shows Juan what is on both floors of Colegio Evangélico. Based on Diálogo 2-1, mark the floor where each facility is located.

instalaciones	segundo piso	piso de abajo
1. las oficinas del director y la secretaria		
2. la enfermería		
3. las aulas		
4. el laboratorio de ciencias		
5. el aula de informática		
6. la biblioteca		

Interpretive reading and listening			
I can understand the main idea of this dialog about Colegio Evangélico.			

 Nombre ____________________

¡VEN A VER MI ESCUELA!

Personas que trabajan en la escuela

Ejercicio 2-4

Paso 1

Match the question with the person who does the job in the school.

_____ 1. ¿Quién asiste al director?

_____ 2. ¿Quién enseña álgebra y precálculo?

_____ 3. ¿Quién mantiene y repara los edificios de la escuela?

_____ 4. ¿Quién dirige y administra la escuela?

_____ 5. ¿Quién enseña sobre escritores y obras escritas?

_____ 6. ¿Quién enseña la tabla de elementos y las características?

A. el profesor de inglés
B. el contable
C. la profesora de química
D. la secretaria
E. la profesora de matemáticas
F. el director
G. el profesor de literatura
H. el encargado de mantenimiento

Paso 2

Use complete sentences to answer questions about your school.

1. ¿Qué hay en tu escuela? ¿Un director o una directora?

____

2. ¿Cómo se llama el director o la directora de tu escuela?

____

3. ¿Cómo se llama el secretario o la secretaria de tu escuela?

____

4. ¿Quién enseña matemáticas en tu clase? ¿Un profesor o una profesora?

____

5. ¿Cómo se llama el profesor o la profesora de matemáticas?

____

6. ¿Quién enseña historia en tu clase? ¿Un profesor o una profesora?

____

7. ¿Cómo se llama el profesor o la profesora de historia?

____

Las instalaciones escolares

Ejercicio 2-5

Based on Diálogo 2-1, mark *sí* or *no* to indicate whether Colegio Evangélico has each facility. Then do the same for your school.

instalaciones	colegio evangélico	mi escuela
1. una biblioteca	sí / no	sí / no
2. un teatro	sí / no	sí / no
3. un aula de informática	sí / no	sí / no
4. un laboratorio de ciencias	sí / no	sí / no
5. un gimnasio	sí / no	sí / no
6. una capilla	sí / no	sí / no
7. un campo de fútbol	sí / no	sí / no
8. una cancha de baloncesto	sí / no	sí / no
9. un campo de béisbol	sí / no	sí / no
10. una enfermería	sí / no	sí / no

Ejercicio 2-6

Use complete sentences to answer questions about your school.

1. ¿Cuántos pisos tiene tu escuela?

   ____

2. ¿Tiene tu escuela una biblioteca?

   ____

3. ¿Cuántos deportes hay en el programa de estudios de tu escuela?

   ____

4. ¿Cuántas horas de español tienes a la semana?

   ____

5. ¿Cuántas lenguas hay en el programa de lenguas extranjeras de tu escuela?

   ____

 Nombre ______________________________

En mi escuela *hay* . . . / Mi escuela *tiene* . . .

Ejercicio 2-7

Complete the following sentences with the correct form of the verb *tener*. Then write whether each statement is *lógico* or *ilógico*.

lógico/ilógico 1. En Guatemala, los colegios ____________ una biblioteca.

lógico/ilógico 2. En mi escuela, nosotros ____________ un laboratorio de ciencias con energía nuclear.

lógico/ilógico 3. La escuela de mi prima ____________ cinco campos de fútbol y ocho canchas de baloncesto.

lógico/ilógico 4. En mi clase, yo ____________ un pupitre de madera.

lógico/ilógico 5. Yo no ____________ clase de matemáticas hoy porque el profesor está enfermo.

lógico/ilógico 6. Tú ____________ un profesor de español que solamente habla alemán.

Ejercicio 2-8

Complete the following paragraphs with the correct form of the verb *tener* or the verb form *hay*. For some blanks, either verb may be used.

Me gusta mucho mi escuela porque es muy grande. Mi escuela ____________ dos pisos. En el piso de arriba ____________ oficinas y aulas, y en el piso de abajo ____________ laboratorios, aulas y otras instalaciones. Por ejemplo, mi escuela ____________ una biblioteca bastante grande y ____________ muchos libros, pero no ____________ computadoras; las computadoras están en el aula de informática. El aula de informática ____________ treinta computadoras que usamos para estudiar programación y hacer proyectos y exámenes online.

Me encanta el programa de deportes de la escuela. Los viernes ____________ juegos de fútbol, baloncesto, béisbol o carreras. Por ejemplo, yo juego en el equipo de fútbol de la escuela, y el próximo viernes ____________ un juego de fútbol contra otra escuela. Si ganamos ese juego, ____________ una copa de premio. La escuela ____________ una enfermera durante los juegos porque a veces nos lastimamos.

Los artículos

Ejercicio 2-9

Based on the picture, answer the following questions.

1. ¿Qué muebles hay en la clase?
   A. ______________________________
   B. ______________________________
   C. ______________________________

2. ¿Qué tecnología hay en la clase?
   A. ______________________________
   B. ______________________________

3. ¿Qué cosas los estudiantes pueden llevarse a casa al final del día?
   A. ______________________________
   B. ______________________________
   C. ______________________________

4. ¿Qué cosas los estudiantes no pueden llevarse a casa al final del día?
   A. ______________________________
   B. ______________________________
   C. ______________________________

Nombre ______________________________

Ejercicio 2-10

Choose the definite or indefinite article that best completes each sentence.

1. En mi colegio hay (un/una/el/la) laboratorio de ciencias muy avanzado.
2. En (un/una/el/la) laboratorio hay (un/una/el/la) microscopio.
3. Normalmente, usamos (un/una/el/la) microscopio en (un/una/el/la) clase de biología.
4. En la escuela también hay (unos/unas/los/las) aulas con una pizarra digital.
5. En el aula de informática hay (unos/unas/los/las) computadoras muy viejas.
6. En mi escuela (unos/unas/los/las) profesores y (unos/unas/los/las) profesoras oran antes de empezar la clase.

Ejercicio 2-11

Complete the following sentences by writing the appropriate article or preposition. Some will be used more than once.

al	el	las	un	unas
del	la	los	una	unos

1. El Sr. González es _______ director _______ colegio.
2. Hay _______ campo de fútbol y _______ cancha de baloncesto.
3. Todas _______ clases tienen _______ proyector y _______ computadora.
4. Normalmente, en _______ matemáticas se usan números, pero también se usan _______ letras del alfabeto.
5. Ese aula es _______ profesor de historia; _______ aula de español está _______ final del pasillo.
6. La Sra. González es _______ profesora de literatura y también es _______ esposa del director.
7. A _______ estudiantes no les gustan _______ tareas en los fines de semana.
8. Hay _______ libros en _______ mesa _______ profesor Martínez.
9. No todas _______ aulas tienen pizarras digitales; _______ tienen pizarras blancas.

¿CÓMO ES TU HORARIO DE CLASES?

Acciones en progreso: El presente progresivo

Ejercicio 2-12

Complete each sentence by writing the present progressive of the verb in parentheses. Then match each sentence with the correct drawing.

_____ 1. Cecilia ________________________ (escribir) una carta.

_____ 2. Tomás ________________________ (visitar) al enfermo.

_____ 3. Mamá ________________________ (desayunar) con su amiga.

_____ 4. El pastor Pérez ________________________ (predicar) en la iglesia.

_____ 5. Mario y Juan ________________________ (jugar) al fútbol.

_____ 6. Papá ________________________ (hablar) por teléfono.

Ejercicio 2-13

Complete each sentence with the present progressive form of the correct verb from the word bank.

comprar	estudiar	mirar
enseñar	jugar	trabajar

1. El papá de Juan no está en casa; ________________________ en la farmacia.
2. La mamá de Juan no está en casa tampoco; ________________________ historia en la escuela.
3. Los papás de Itzel ________________________ comida porque el refrigerador está vacío.
4. Itzel ________________________ para un examen de inglés en la biblioteca.
5. Juan está distraído porque ________________________ su programa favorito en la televisión.
6. Los amigos de Juan ________________________ al fútbol en la escuela.

 Nombre ______________________

Ejercicio 2-14

Use complete sentences to answer the questions about each character.

1

2

3

4

5

6

1. ¿Qué está haciendo Elena?

____

2. ¿Qué está haciendo Carlos?

____

3. ¿Qué está haciendo la profesora?

____

4. ¿Qué está haciendo la mamá de Elena?

____

5. ¿Qué está haciendo el papá de Carlos?

____

6. ¿Qué están haciendo los papás de Elena y Carlos?

____

Las asignaturas

Ejercicio 2-15

Match each sentence with the correct school subject.

_____ 1. La Primera y la Segunda Guerra Mundial son los eventos más importantes del siglo XX.

_____ 2. La raíz cuadrada de veinticinco es cinco.

_____ 3. Los Andes son la cadena montañosa más larga del mundo.

_____ 4. El ojo humano recibe la luz y la convierte en impulsos electroquímicos.

_____ 5. El sujeto siempre hace la acción del verbo, excepto en las oraciones pasivas.

_____ 6. El apóstol Pablo es el autor de trece libros del Nuevo Testamento.

_____ 7. Abraham Lincoln fue el primer presidente republicano de los EEUU.

A. lengua
B. historia universal
C. historia de los EEUU
D. Biblia
E. biología
F. matemáticas
G. geografía

Los números

Ejercicio 2-16

Listen to the conversation and write the numbers you hear.

1. ________________
2. ________________
3. ________________
4. ________________
5. ________________
6. ________________
7. ________________
8. ________________
9. ________________

Nombre ______________________________

La hora y los minutos

Ejercicio 2-17

Listen and write the times you hear. Each time follows a 24-hour format.

1. ____________
2. ____________
3. ____________
4. ____________
5. ____________
6. ____________

Ejercicio 2-18

Write the time in Spanish below each clock.

1. ______________________ 2. ______________________ 3. ______________________

4. ______________________ 5. ______________________ 6. ______________________

7. ______________________ 8. ______________________

Las comparaciones y los superlativos

Ejercicio 2-19

Write a sentence to compare the two school subjects, using your adjective of choice to convey your opinion. There is no wrong answer.

aburrido/a	divertido/a	interesante
difícil	fácil	útil

Modelo
La física es **más** difícil **que** la geografía.

1. la historia, la literatura

____

2. la biología, la historia

____

3. el español, la literatura

____

4. las matemáticas, el español

____

5. el español, la química

____

6. la química, las matemáticas

____

Nombre ______________________________

Ejercicio 2-20

Write a sentence to compare the two school subjects, using your adjective of choice to convey your opinion. There is no wrong answer.

aburrido/a	divertido/a	interesante
difícil	fácil	útil

Modelo
La geografía **no** es **tan** difícil **como** la química.

1. la historia, el español

____

2. la biología, la física

____

3. el español, las matemáticas

____

4. las matemáticas, la literatura

____

5. la geografía, la historia

____

Ejercicio 2-21

Paso 1

Write a sentence to indicate which of the three school subjects, in your opinion, is the most boring, most difficult, most fun, and so on. There is no wrong answer. Use the superlative comparison structure.

aburrido/a	difícil	divertido/a	fácil	interesante	útil

Modelo
La geografía es **la más** interesante **de** las tres clases.

1. la historia, el español, la física

   ______

2. la biología, la física, la literatura

   ______

3. el español, las matemáticas, la historia

   ______

4. las matemáticas, la literatura, la biología

   ______

5. la geografía, la historia, la literatura

   ______

Paso 2

Make a list of the subjects you are taking this semester. Then answer each question with a complete sentence.

Modelo
La clase de geografía es **la clase más** interesante.

1. ¿Qué clase es la más difícil?

   ______

2. ¿Qué clase es la más interesante?

   ______

3. ¿Qué clase es la más fácil?

   ______

4. ¿Qué clase es la más aburrida?

   ______

5. ¿Qué clase es la más divertida?

   ______

 Nombre ______________________

Paso 3

Write a sentence indicating which you like the best.

Modelo
La comida **que más me gusta** es el pollo frito.

1. ¿Qué comida es la que más te gusta?

____

2. ¿Qué tipo de música es la que más te gusta?

____

3. ¿Qué deporte es el que más te gusta?

____

4. ¿Qué equipo de baloncesto es el que más te gusta?

____

5. ¿Qué color es el que más te gusta?

____

Communication

I can compare things, classes, and people.

 Nombre ______________________________

Diálogo 2-2: Horario nuevo

Ejercicio 2-24

Paso 1

Read and listen to Diálogo 2-2 (pages 50–51 in your textbook). Then for each word or phrase below, write the expression from the dialog that has the same meaning.

______________________ 1. profesores

______________________ 2. obtener

______________________ 3. tienes que

______________________ 4. aparato electrónico para hacer operaciones matemáticas

______________________ 5. instrumento para medir centímetros o pulgadas y para dibujar líneas rectas

______________________ 6. arte y diseño de los edificios

______________________ 7. lugar o espacio donde hay muchos libros clasificados por tema, título y autor

______________________ 8. la parte comercial de una ciudad o un pueblo

______________________ 9. lugar donde venden alimento muy frío o congelado con sabor a frutas o dulces

______________________ 10. sistema para organizar los meses, las semanas y los días de la semana

Paso 2

Match each definition with the correct word from Diálogo 2-2. Not all words will be used.

bolígrafo	escuadra	historia	matemáticas
compás	filosofía	literatura	uniforme

______________________ 1. ropa especial para instituciones educativas o militares

______________________ 2. instrumento para dibujar círculos

______________________ 3. instrumento para dibujar y calcular ángulos

______________________ 4. el estudio de los números

______________________ 5. instrumento para escribir y no se puede borrar

Ejercicio 2-25

Read Diálogo 2-2 again, then answer the questions in English.

1. After Juan's schedule is completed, list three things he needs to do.
2. Where does Itzel tell Juan he needs to go to get his books and uniform?
3. Is a uniform required to go to class?
4. Which class requires special school supplies?
5. What else does Juan need to buy that he could not get at school?
6. Why does Itzel need to go to the library?
7. What does Juan suggest doing after going to the library?
8. Where is the ice-cream shop?
9. What countries are the other members of the blog from?
10. What does Juan have information on regarding the Maya?

Interpretive reading and listening			
I can understand the main idea of this dialog about Itzel and Juan's plans.			

¡TENGO QUE HACER MUCHAS COSAS!

Expresando obligación o necesidad: Los verbos *tener que*, *necesitar* y *deber*

Ejercicio 2-26

Paso 1

Alejandro is writing a paragraph about his responsibilities for Spanish class. Fill in each blank with the correct form of the verb or verb phrase in parentheses.

Hola, me llamo Alejandro y desde que soy estudiante ________________ (tener que) hacer muchas cosas. Por ejemplo, en el verano me levanto a las diez de la mañana, pero durante el año escolar ________________ (necesitar) levantarme muy temprano o acostarme tarde para hacer tareas. Mis papás ________________ (no necesitar) hacer tareas cuando llegan a casa después de trabajar. Pero mi papá siempre me dice, "Si quieres tener éxito, ________________ (tener que) trabajar duro."

La verdad es que no puedo quejarme demasiado. Yo ________________ (no necesitar) preocuparme de pagar una casa, ni los recibos de electricidad, agua o gas; y tampoco ________________ (tener que) pagar impuestos. Todo el dinero que gano en mi trabajo es para mí. Mi hermano y yo ________________ (no necesitar) pagar renta ni comida en casa. Mi hermano es mayor que yo y ahora ________________ (tener que) ahorrar dinero para la universidad. Yo ________________ (no necesitar) ahorrar para la universidad hasta dentro de dos años.

Bueno, son casi las diez, y ________________ (deber) irme. Mañana ________________ (tener que) levantarme temprano.

Paso 2

Answer the following questions about Alejandro and his family's daily life. Use complete sentences.

1. ¿Cómo es la vida de Alejandro desde que es estudiante?

   ____

2. ¿Cuál es la diferencia entre el verano y el año escolar para Alejandro?

   ____

3. ¿Qué tiene que hacer Alejandro si quiere tener éxito, según su papá?

   ____

4. ¿Qué recibos no tiene que pagar Alejandro?

   ____

5. ¿Qué tiene que hacer el hermano de Alejandro para ir a la universidad?

   ____

6. ¿Cuándo tiene que ahorrar Alejandro para la universidad?

   ____

Ejercicio 2-27

Look at Juan's schedule for tomorrow and write sentences indicating what he has to do. Use *tener que*, *necesitar*, or *deber*.

hora	cosas que hacer
1. 9:00	ir a clase
2. 10:15	ir al dentista
3. 12:00	comer con papá y mamá en casa
4. 13:00	volver a la escuela
5. 14:00	ir a la clase de matemáticas
6. 15:00	estudiar en la biblioteca

1. A las 9:00 tiene que ir a clase.
2. __________
3. __________
4. __________
5. __________
6. __________

Communication			
I can say what I or other people need to do.			

 Nombre ______________________

¿POR QUÉ NO VAMOS JUNTOS?

Sugerir ideas y cambios

Ejercicio 2-28

Read the following exchanges and determine whether each suggestion is *lógico* or *ilógico*.

__________ 1. No me siento muy bien. Tengo frío desde el martes pasado.
—¿Por qué no vas al médico?

__________ 2. Tengo mucho sueño. Estoy levantado desde las 4:30 de la mañana.
—¿Por qué no vamos a una fiesta?

__________ 3. ¿Tienes hambre? ¡Yo también!
—¡Vamos a comer una hamburguesa!

__________ 4. Tengo que hacer un proyecto de literatura y no sé lo qué voy a hacer.
—Puedes hacerlo sobre el Popol Vuh o el *Quijote*.

__________ 5. Tengo una lista muy larga de cosas que hacer hoy.
—¿Por qué no descansas y las haces la semana que viene?

Ejercicio 2-29

Read the following sentences and use the word bank to make suggestions.

ahorrar	hacer una siesta	pintar de blanco
empezar a estudiar hoy	ir a un país hispano	preguntar si María está libre

1. La semana que viene tengo un examen de español.

____

2. Tengo mucho que hacer, pero estoy muy cansado.

____

3. Estamos planeando un viaje a Alemania, pero nadie habla alemán; solamente hablamos español.

____

4. Mi mamá quiere pintar mi habitación de color amarillo, pero me gusta más el blanco.

____

5. Necesito ir al centro a comprar, pero no quiero ir sola.

____

6. Quiero comprar un teléfono nuevo, pero no tengo bastante dinero.

____

Communication			
I can suggest ideas or changes to other people.			

 Nombre ____________________

CONEXIONES CULTURALES CON EL PASADO

Las matemáticas de los mayas

Ejercicio 2-30

Indicate whether each statement about the Maya is *cierto* or *falso* based on the information in the *Conexiones culturales* feature on pages 56–57 of your textbook.

cierto/falso 1. Los mayas usan las matemáticas para sus calendarios.

cierto/falso 2. Los mayas no comprenden el concepto de cero.

cierto/falso 3. El sistema de los números de los mayas es muy sofisticado.

cierto/falso 4. Los mayas estudian las estrellas y los ciclos del sol y de la luna.

cierto/falso 5. Los mayas no saben representar los números del 0 al 19.

cierto/falso 6. Los mayas solamente tienen un calendario.

cierto/falso 7. Solamente hay mayas en Guatemala.

cierto/falso 8. Los mayas incluyen la astronomía en el diseño de sus edificios.

Culture			
I can describe aspects of Mayan culture.			

Diálogo 3-1: La farmacia nueva

Ejercicio 3-1

Read and listen to Diálogo 3-1 (pages 66–67 in your textbook). Watch for the following places that are mentioned. Then match the definition to the term from the dialog.

_____ 1. el centro
_____ 2. la tienda
_____ 3. la floristería
_____ 4. el banco
_____ 5. la farmacia
_____ 6. el centro comercial
_____ 7. la municipalidad
_____ 8. el parque central
_____ 9. el restaurante

A. un complejo de tiendas
B. la parte central o el núcleo de una ciudad
C. una tienda que vende plantas y flores
D. el parque principal de la ciudad
E. el asiento de gobierno de una ciudad
F. una tienda que expende las medicinas
G. un establecimiento que vende productos al público
H. una entidad financiera que ofrece servicios para sus clientes
I. un establecimiento de comidas para ser consumidas en el mismo local

Ejercicio 3-2

Read the following definitions. Choose the term that matches the description. Not all words will be used.

bus	carro	local	mototaxi	terminal	transporte
cargador	celular	metro	permiso	trámites	tuk-tuk

______________ 1. Cualquier sistema de movilidad que te lleva a tu destino es un medio de ___.

______________ 2. Para abrir un negocio nuevo generalmente se pide un ___.

______________ 3. Otro nombre para el teléfono móvil es el teléfono ___.

______________ 4. Un lugar para una tienda, taller o establecimiento se llama un ___.

______________ 5. Para cargar las pilas de teléfono celular se usa el ___.

______________ 6. Los procedimientos administrativos se llaman ___.

______________ 7. Otro nombre para la mototaxi que se usa en muchos países es ___.

______________ 8. Una forma de transporte con cuatro ruedas es un ___.

______________ 9. El lugar donde llegan los autobuses a la ciudad se llama la ___.

Ejercicio 3-3

Read and listen to Diálogo 3-1 again for understanding. Then answer the following questions in English.

1. Why is it good that Itzel's father is helping Juan's father file the paperwork for his new pharmacy?

____

2. How does Juan express the idea "I really feel like" or "I really want to" in Spanish?

____

3. Is the pharmacy far from the city hall? What is the distance in meters and yards?

____

4. How are Itzel and Juan planning to come home from downtown?

____

5. Why does Juan need to go to the shopping center?

____

6. What plans do Juan's parents have for later that evening?

____

Ejercicio 3-4

Sequence the events.

_____ 1. Itzel and Juan walk to the pharmacy.
_____ 2. Itzel and Juan have dinner.
_____ 3. Itzel offers to show Juan how to get downtown.
_____ 4. Itzel asks where the pharmacy is.
_____ 5. Mr. Pérez would like to open a new pharmacy.
_____ 6. Juan says he would like to go downtown.
_____ 7. Itzel and Juan travel by bus.
_____ 8. Itzel and Juan travel by taxi.
_____ 9. Juan explains they already have a location for the pharmacy.
_____10. Mr. Rodríguez goes with Mr. Pérez to the city hall to obtain the permits.

Interpretive reading and listening			
I can understand the order of events in this dialog between Itzel and Juan.			

 Nombre ______________________

¡VAMOS AL CENTRO!

Los verbos *saber* y *conocer*

Ejercicio 3-5

Write *sí* or *no* to indicate whether each statement is true of you.

_____ 1. Sé tocar la guitarra.

_____ 2. Sé jugar al ajedrez.

_____ 3. Sé manejar un carro.

_____ 4. Sé cambiar el *neumático*[1] desinflado de un carro.

_____ 5. Sé esquiar.

_____ 6. Sé cocinar una *tarta*[2] de manzana.

_____ 7. Sé leer notas musicales.

_____ 8. Sé *envolver*[3] un regalo.

Ejercicio 3-6

Write the correct verb.

1. Una persona famosa ______________ (sabe/conoce) a mucha gente.
2. ¿______________ (Sabes/Conoces) dónde vivo yo?
3. De todos los instrumentos que ______________ (sabe/conoce) tocar, el piano es su favorito.
4. Mi amigo Nathan ______________ (sabe/conoce) la ciudad de Nueva York muy bien.
5. Yo no ______________ (sé/conozco) a nadie con ese apellido.
6. Todos ______________ (sabemos/conocemos) dónde está la Estatua de la Libertad.
7. ¿______________ (Sabe/Conoce) usted dónde está la ciudad de Los Angeles?
8. ¿Tu nombre es Pépe? Encantado de ______________ (conocerte/saberte).
9. ______________ (Sé/Conozco) hablar español.
10. ¿Quién ______________ (sabe/conoce) esa área de la ciudad?

[1] tire
[2] pie
[3] wrap

Ejercicio 3-7

Complete each sentence with the correct form of the verb *saber* or *conocer*.

1. Necesito ir al centro, pero no tengo mi licencia de conducir. ¿______________ (tú) manejar?
2. No conozco muy bien el centro. ¿______________ (tú) cómo llegar?
3. ¿Quién es el instructor de la escuela de manejo? ¿Lo ______________ (tú) bien?
4. ¿A quién ______________ (tú) que ya tiene su licencia de conducir?
5. ¿Quién ______________ cuánta gasolina hay en el tanque del carro?
6. Te ______________ de mi clase de inglés, pero no sé tu nombre.
7. Nosotros ______________ hablar español e inglés.
8. ¿______________ ustedes cuándo se abre el centro comercial?
9. ¿No ______________ a mis amigos? Te los presento en la escuela.
10. ¿______________ (tú) quién más va con nosotros al centro?
11. ¿Vosotros ______________ hablar en inglés?
12. Nosotros ______________ el centro muy bien porque somos de aquí.
13. ¿______________ quién es el nuevo maestro de español?
14. Yo ______________ al presidente de los estudiantes de la escuela.
15. ¡Mucho gusto! Es un placer ______________te.

Nombre ______________________________

Los lugares y las preposiciones

Ejercicio 3-8

Label each picture with the correct name.

1. ______________________

2. ______________________

3. ______________________

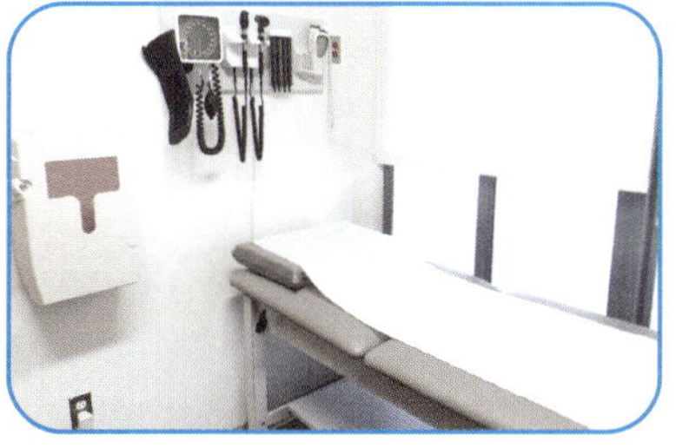

4. ______________________

5. ______________________

6. ______________________

7. ______________________

8. ______________________

9. ______________________

10. ______________________

11. ______________________

12. ______________________

Capítulo 3: La farmacia nueva

Ejercicio 3-9

Underline *lógico* if the described location makes sense. Underline *ilógico* if it does not and underline the word that makes it *ilógico*.

lógico/ilógico 1. El centro está lejos de la parte principal de la ciudad.

lógico/ilógico 2. La terminal de autobuses está cerca de la parada de taxis.

lógico/ilógico 3. La farmacia se encuentra junto a la clínica.

lógico/ilógico 4. La biblioteca municipal está dentro del estadio de deportes.

lógico/ilógico 5. El restaurante está debajo de la estación de tren.

lógico/ilógico 6. La estación de policía se encuentra cerca del banco.

lógico/ilógico 7. El parque está encima del hospital.

lógico/ilógico 8. La oficina de correos se encuentra en frente del banco.

lógico/ilógico 9. El mercado está dentro del centro comercial.

lógico/ilógico 10. El hotel está sobre la estación de bomberos.

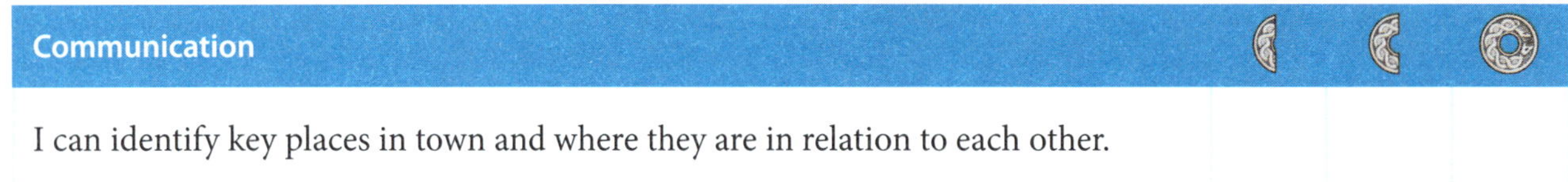

Communication			
I can identify key places in town and where they are in relation to each other.			

 Nombre ____________________

¿CÓMO VAMOS AL CENTRO?

Los medios de transporte

Ejercicio 3-10

Complete each sentence with the appropriate form of transportation. Not all terms will be used.

a caballo	avión	bicicleta	metro	taxi
a pie	barca	camión	motocicleta	tranvía
autobús	barco	carro	mototaxi	tren

1. Si vas de vacaciones y cruzas el océano en un crucero, vas en ______________.
2. Si llegas al aéropuerto y no tienes auto, tienes que ir al hotel en ______________.
3. Algunas ciudades grandes tienen trenes que van bajo tierra que se llaman el ______________.
4. Si tienes que trabajar con el ganado en un rancho, debes ir ______________.
5. Si quieres llegar lo más rápido posible a Hawái, debes ir en ______________.
6. Si tienes que ir de tu habitación a la cocina, debes ir ______________.
7. Si quieres hacer un buen ejercicio en tu rutina diaria puedes ir en ______________.
8. Para aprender a manejar, vas a ir en ______________.

Moverse por la ciudad

Ejercicio 3-11

Choose the correct preposition to complete the sentence.

1. Subimos al autobús que va ______________ (hacia/en) el centro.
2. Salimos a las tres para ir ______________ (a la/de la) biblioteca municipal.
3. ¿Vienes conmigo desde la biblioteca ______________ (hasta/desde) el restaurante?
4. Entramos en el restaurante que está ______________ (en/hasta) la esquina de la calle principal.
5. Luego vuelvo a mi casa a pie ______________ (al/desde) el restaurante.
6. ¿Por qué no regresamos a pie ______________ (desde/hasta) el restaurante hasta la parada de taxis?

Verbos irregulares: *preferir* y *querer*

Ejercicio 3-12

Choose the correct *i* → *ie* stem-changing verb to complete each sentence.

comienzo	pienso	quiere	sienten
empieza	prefieres	recomienda	tienes

1. Antes de salir de casa, ______________ cada día con la lectura de la palabra de Dios y oración.
2. El niño ______________ ir al parque que está en el centro.
3. Los cristianos de aquella iglesia evangélica ______________ mucho gozo después del culto de adoración.
4. En mi opinión, ______________ que debemos regresar a la casa después de cenar en el restaurante.
5. ¿Que ______________? ¿Ir de campamento o ir de compras?
6. El conductor del autobús ______________ bajarnos en la próxima parada.
7. El culto de adoración ______________ a las diez de la mañana en la iglesia.
8. ______________ que pagar 3,90 quetzales de tarifa para usar el mototaxi en Guatemala.

Ejercicio 3-13

Match the preference with the statement that is logically related.

_____ 1. Quieres ir al centro, pero no quieres manejar.

_____ 2. Quieres ir a un restaurante de comida italiana auténtica.

_____ 3. Quieres ir a pie al centro de la ciudad.

_____ 4. Quieres parar en una heladería después del trabajo.

_____ 5. Quieres ir al centro, pero no sabes si puedes ir en tu carro.

_____ 6. Quieres ir a una floristería.

A. Prefieres vainilla con fresas más que el chocolate.
B. Piensas que hay suficiente gasolina en el tanque, pero no estás seguro.
C. Tienes que tomar el autobús o llamar un taxi.
D. Comienzas tu día muy temprano para llegar a tiempo.
E. Recomiendas a tus amigos ir al restaurante Portofinos en la Avenida Guatemala.
F. Sientes la necesidad de comprar algo bonito para tu madre.

Nombre ________________________________

Ejercicio 3-14

Answer the following questions about your preferences. Use complete sentences.

1. ¿Prefieres viajar en avión o viajar en barco?

   ____

2. ¿Quieres subirte en una motocicleta o en un tuk-tuk?

   ____

3. ¿Prefieres ir de compras o ir de excursión?

   ____

4. ¿Te despiertas con alarma o sin alarma?

   ____

5. ¿Comienzas tu día con café o sin café?

   ____

Communication			
I can explain how to get around town, including any preferences I may have.			

 Nombre ______________________

CONEXIONES CULTURALES CON EL PRESENTE

La comida guatemalteca y la mexicana

Ejercicio 3-15

Indicate whether each statement is *cierto* or *falso* based on the *Conexiones culturales* feature on pages 78–79 of your textbook.

cierto/falso 1. Guatemalan food has many similarites to food from Mexico.

cierto/falso 2. *Los buenos modales* refers to being in a good mood when you arrive at a restaurant.

cierto/falso 3. "*Buen provecho*" is a polite thing to say while others are enjoying their meal.

cierto/falso 4. "*La cuenta, por favor*" is a polite thing the waiter will say to you.

cierto/falso 5. If you want more ice in your soft drink, say, "*Sin hielo, por favor.*"

cierto/falso 6. Guacamole was first brought to the New World by the Spaniards.

cierto/falso 7. *Al* or *a la* refers to the method used to cook a dish such as *pollo a la plancha*.

cierto/falso 8. Kak'ik is a Mayan soup with turkey, spices, and chili peppers.

cierto/falso 9. *Chile relleno* is a pepper stuffed with another ingredient.

cierto/falso 10. *Pico de gallo* has chopped tomatoes, onions, cilantro, peppers, salt, and lime juice.

cierto/falso 11. *Aperitivos* and *entradas* are other names for *postres*.

I can describe some typical foods at a Mexican or Guatemalan restaurant.

 Nombre ______________________

Diálogo 3-2: En el restaurante

Ejercicio 3-16

Read and listen to Diálogo 3-2 (pages 80–81 in your textbook). As you listen, pay attention to the types of dishes and the ingredients mentioned. Then match each item with the correct meaning.

A. garlic	**J.** seafood
B. peppermint	**K.** cilantro
C. a Guatemalan sauce/soup	**L.** tamales with meat cubes in a sauce
D. soup	**M.** chili pepper
E. vegetables	**N.** rice
F. onions	**O.** beef
G. chicken	**P.** steamed corn dough with a filling
H. drinks	**Q.** turkey
I. meat-filled tortillas in a chili sauce	**R.** dough

_____ 1. las bebidas
_____ 2. la sopa
_____ 3. las enchiladas
_____ 4. los chuchitos
_____ 5. los tamales
_____ 6. el marisco
_____ 7. el recado
_____ 8. las verduras
_____ 9. el ajo
_____10. las cebollas
_____11. la hierbabuena
_____12. el cilantro
_____13. el chile
_____14. el arroz
_____15. el pavo
_____16. la masa
_____17. el pollo
_____18. la res

Ejercicio 3-17

Answer the following questions based on what you have learned in the dialog up to this point.

1. What is the name of the restaurant that Mrs. Rodríguez and Mrs. Pérez decide on?

____

2. Which two verbs can mean "to drink (something)"?

____

3. How does Mrs. Rodríguez refer to Itzel and Juan when talking with the waitress?

____

4. How do you know the restaurant serves a two-course meal?

____

5. What is the restaurant's specialty?

____

Ejercicio 3-18

The following Spanish phrases from the dialog have to do with eating. Write what you believe the phrases mean in English.

1. ¿Qué les gustaría cenar?

 ____

2. Nos gustaría probar comida típica guatemalteca.

 ____

3. Todo se ve muy rico.

 ____

4. Nos encanta el pavo.

 ____

5. ¿Podría traer más cubiertos, por favor?

 ____

Ejercicio 3-19

Read and listen to Diálogo 3-2 again. As you listen, determine the answers for the following questions.

1. Why has it been a while since Juan's mother, Mrs. Pérez, has eaten authentic Guatemalan food?

 ____

2. What is Juan and Itzel's preferred soft drink? What do they called it in Spanish?

 ____

3. How can you tell the food at the restaurant is authentic Guatemalan food?

 ____

4. How do you know everyone at the restaurant, including the waitress, is being polite?

 ____

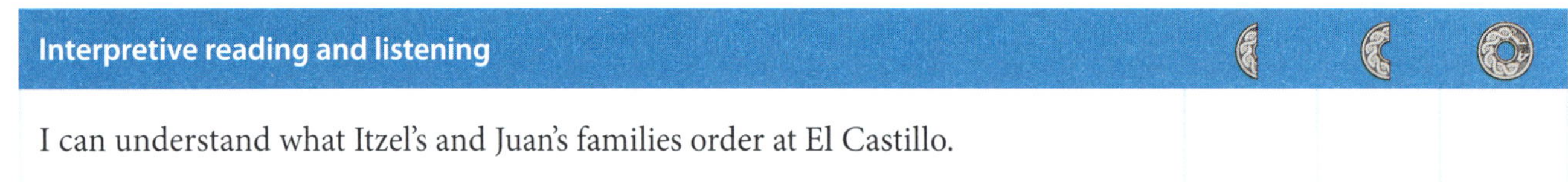

Interpretive reading and listening			
I can understand what Itzel's and Juan's families order at El Castillo.			

 Nombre ______________________________

¿QUÉ NOS RECOMIENDA?

Repaso del verbo *gustar*

Ejercicio 3-20

Choose the ending that best completes each sentence, based on people's preferences in Diálogo 3-2 (pages 80–81 in your textbook).

_____ 1. A la señora Pérez le gusta ___.

_____ 2. A Itzel y a Juan les ___.

_____ 3. A Itzel le ___.

_____ 4. A la señora Rodríguez le gusta ___.

_____ 5. A la mesera le gusta ___.

_____ 6. A los señores Rodríguez les encanta ___.

_____ 7. A Juan le gustan ___.

_____ 8. A los señores Pérez les gustan ___.

A. gustan los chuchitos de carne de res
B. tomar agua
C. la sopa y los chuchitos
D. probar la comida típica guatemalteca
E. los tamales
F. el pavo
G. gusta la Coca-Cola®
H. servir la comida

Ejercicio 3-21

Choose the answer that best completes each sentence.

1. Me ______________ (gusta/gustan) la carne.
2. Me ______________ (gusta/gustan) el salmón, pero no me ______________ (gusta/gustan) el marisco.
3. De las verduras solamente me ______________ (gusta/gustan) la papa y la zanahoria.
4. Me ______________ (gusta/gustan) los postres.
5. ¿Te ______________ (gusta/gustan) el postre?
6. Nos ______________ (gusta/gustan) el pastel de tres leches.
7. ¿Les ______________ (gusta/gustan) el pollo frito?

Ejercicio 3-22

You are looking at a menu at a restaurant and reading about the ingredients. Write a complete sentence explaining whether you do or do not like each food pictured.

Modelo
Me gusta la manzana.
No me gustan las papas fritas.

1. ______________________________
____

2. ______________________________
____

3. ______________________________
____

4. ______________________________
____

5. ______________________________
____

6. ______________________________
____

7. ______________________________
____

8. ______________________________
____

9. ______________________________
____

10. ______________________________
____

Ejercicio 3-23

Answer the following questions about your likes or dislikes. Use complete sentences.

1. ¿Qué clase de comida te gusta comer? ¿La Italiana, la mexicana, la china o la americana?

   ____

2. ¿Te gusta la pizza?

   ____

3. ¿Te gustan los mariscos?

   ____

4. ¿Te gusta el helado para el postre?

   ____

5. ¿Qué comida le gusta a tu amigo/a?

   ____

La forma *gustaría*

Ejercicio 3-24

Answer each question with a complete sentence in Spanish.

1. ¿Qué te gustaría pedir en un restaurante mexicano?

   ____

2. ¿Te gustaría comer verduras todos los días?

   ____

3. ¿Qué frutas te gustaría desayunar mañana por la mañana?

   ____

4. ¿Te gustaría probar una comida picante?

   ____

5. ¿En qué restaurante te gustaría comer con tus compañeros de la clase de español?

   ____

Communication			
I can describe what I like and order a meal at a restaurant.			

¿DE QUÉ ESTÁN HECHOS?

Los ingredientes

Ejercicio 3-25

At the restaurant the server is describing items on the menu. Listen carefully as each item is described, then answer each question by writing the ingredients that are mentioned.

1. ¿De qué están hechos los tacos al pastor?

2. ¿De qué está hecha la hamburguesa?

3. ¿De qué está hecha la paella?

4. ¿De qué está hecha la pizza?

 Nombre ____________________

Los cubiertos

Ejercicio 3-26

As you are enjoying your meal at a restaurant, the following situations occur. Politely ask the server for the appropriate item.

Modelo
You sit down in a restaurant and realize you have no silverware.
¿Podría traerme unos cubiertos, por favor?

1. Your fork just fell on the floor while you were trying to dig into your *tamal*.

   ____

2. You can't cut your *carne de res* because your friend accidentally took your knife to cut his.

   ____

3. The enchiladas are much hotter than expected, and you already drank all your water.

   ____

4. You just spilled some *salsa roja* on your new jacket.

   ____

5. Your order is so large you want to share it with a friend.

   ____

6. You are about to enjoy your *sopa de pollo* but notice your spoon has a spot on it.

   ____

Communication			
I can ask about ingredients in a dish and request specific items at a restaurant.			

CONEXIONES CULTURALES CON EL PASADO

La creencia de los mayas en cuanto a Dios y la creación

Ejercicio 3-27

Read the *Conexiones culturales* feature on pages 88–89 of your textbook and indicate whether each statement about the Maya and their culture is *cierto* or *falso*.

cierto/falso 1. The Popol Vuh is an ancient Mayan book that has not been deciphered yet.

cierto/falso 2. The Popol Vuh relates the Maya's understanding of how the world was created.

cierto/falso 3. Francisco Ximénez translated the Popol Vuh into Spanish.

cierto/falso 4. Scenes described in the Popol Vuh have been found at archaeological sites dating as far back as 200 BC, such as El Mirador.

cierto/falso 5. *Peces* and *cangrejos* are types of land animals found in Guatemala.

cierto/falso 6. The Popol Vuh relates that man was originally made of earth or mud.

cierto/falso 7. According to the Maya, the gods created man out of corn during a second creation attempt.

cierto/falso 8. The Popol Vuh tells of eight individuals from whom all people originated.

cierto/falso 9. Ancient civilizations probably had no knowledge of a worldwide flood.

cierto/falso 10. The Quiché people migrated to the highlands of Guatemala before the Spanish conquest.

cierto/falso 11. The Maya used *cenotes* to store corn and other valuables.

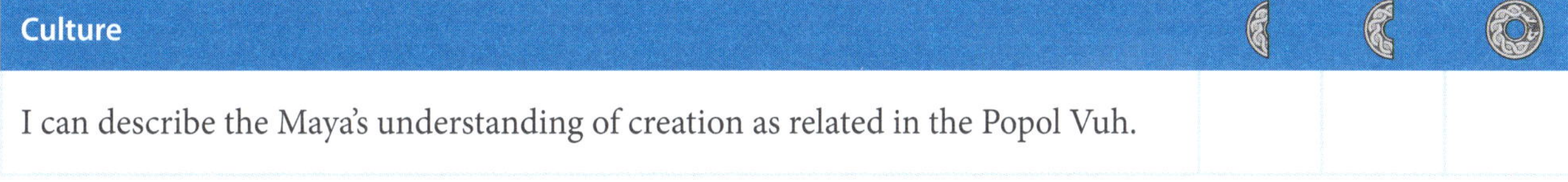

Culture			
I can describe the Maya's understanding of creation as related in the Popol Vuh.			

 Nombre ____________________

Diálogo 4-1: ¿Quieres venir a casa?

Ejercicio 4-1

Paso 1

Read and listen to Diálogo 4-1 (pages 100–101 in your textbook). Then write the words or phrases from the dialog that most closely match the following definitions.

______________ 1. the guys

______________ 2. homework

______________ 3. paper, assignment

______________ 4. old looking

______________ 5. to inherit from a family member

______________ 6. a family member from the past

______________ 7. to pass away

______________ 8. room of the house where the family eats

______________ 9. to remodel, to repair

______________ 10. smart, witty

Paso 2

Match each definition with the correct word from Diálogo 4-1.

antepasado	clave	hambre	juntos	murieron
arreglando	después	heredamos	llamo	tareas

______________ 1. trabajo de clase que haces en casa y presentas en la clase siguiente

______________ 2. luego, más tarde

______________ 3. alguien de tu familia que ya no está vivo desde hace muchos años

______________ 4. necesidad de comer

______________ 5. con otras personas

______________ 6. llegar al fin de la vida

______________ 7. recibir una propiedad de un familiar

______________ 8. grupo de letras y números que te da acceso a algo

______________ 9. usar el teléfono para hablar con alguien

______________ 10. reparar, ordenar

Ejercicio 4-2

Read and listen to Diálogo 4-1 again, then answer the following questions in English.

1. Why does Luis invite María to his house?

 ____

2. Why does María want to invite Laura?

 ____

3. What time do María and Laura get out of school?

 ____

4. What does María like so much about Luis's house?

 ____

5. Who is El Inca Garcilaso?

 ____

6. Why are Garcilaso, Shakespeare, and Cervantes important?

 ____

7. What is interesting or coincidental about these three writers?

 ____

8. Why are Luis and the girls not hungry?

 ____

9. Where do the girls study?

 ____

10. Where do the boys study?

 ____

11. What is Luis's Wi-Fi® password?

 ____

12. Why do the girls like studying in the living room?

 ____

Interpretive reading and listening			
I can understand the conversation between Luis and María.			

 Nombre ______________________________

¿QUIERES VENIR A CASA?

Las invitaciones

Ejercicio 4-3

Listen to the invitations and indicate whether each one is *formal* or *informal*.

1. formal/informal
2. formal/informal
3. formal/informal
4. formal/informal
5. formal/informal
6. formal/informal
7. formal/informal

Ejercicio 4-4

You want to invite some people to do certain activities with you. Choose the invitation that you could use. Not all choices will be used.

A. ¿Les gustaría a ustedes venir a la iglesia el domingo con nosotros?
B. ¿Por qué no vienes a casa a estudiar conmigo?
C. ¿Le gustaría a usted venir a mi fiesta de cumpleaños la semana que viene?
D. ¿Por qué no vamos de compras esta tarde?
E. ¿Quieren venir a casa a estudiar después de la escuela?
F. ¿Te gustaría venir a mi fiesta de cumpleaños?

_____ 1. Quieres invitar a tu profesor a tu fiesta de cumpleaños.

_____ 2. Quieres invitar a dos compañeros de clase a estudiar a tu casa.

_____ 3. Quieres invitar a tu hermano a ir de compras.

_____ 4. Quieres invitar a tus vecinos, los Pérez, a la iglesia el domingo.

Aceptar o rechazar las invitaciones

Ejercicio 4-5

Complete each exchange by accepting or declining the invitation, using an expression from the word bank. There is more than one way to accept or decline an invitation.

¡Lo siento mucho!	Me parece bien.	¡Por supuesto!	¡Que pena! No puedo.	¡Sí, claro!

1. Alex, ¿quieres venir a ver un partido de fútbol en la televisión con los chicos?

    ________________________ Tengo que ir con mis padres a casa de mi abuela.

2. Joana, ¿por qué no estudiamos juntas en la biblioteca esta tarde?

    ________________________ Prefiero estudiar con alguien. No me gusta estudiar sola.

3. Marta, ¿quieres ayudarnos a organizar la fiesta mañana por la mañana?

    ________________________ Me encanta la idea, pero tengo que ir al médico con mi madre.

4. Carlos, vamos al centro a pasear. ¿Quieres venir?

    ________________________ No tengo mucho que hacer, y estoy un poco aburrido.

5. ¡Chicas! ¿Quieren jugar con el equipo de baloncesto femenino?

    ________________________ ¡Nos encanta jugar al baloncesto!

Ejercicio 4-6

Read the *Más información* box on page 105 of your textbook. Then write the correct expressions to complete Lurdes's story about her puppy. Some expressions may be used more than once.

con él	con ella	con ellos	conmigo	con nosotros	contigo

Tengo un perrito que va ______________ a todas partes. Si voy a la calle, quiere venir ______________, y si voy al colegio, también quiere venir. A veces, mi mamá va de compras y el perrito quiere ir ______________ a comprar también. Cuando mi hermano y yo estamos en el sofá mirando la televisión, el perrito se sube al sofá para ver la televisión ______________.

Cuando tienes un perro, tienes que jugar ______________, llevarlo a pasear y tratarlo como a un miembro más de la familia. Mis papás quieren mucho a nuestro perro, y él también quiere estar ______________ porque lo *miman*[1] mucho. Cuando mimas a tu perro, siempre va a querer estar ______________.

Communication			
I can extend, accept, and reject invitations from family and friends.			

[1] from *mimar*, "to spoil"

 Nombre ____________________

INVITÉ A LOS CHICOS

El pretérito de los verbos regulares (-*ar*)

Ejercicio 4-7

Read each sentence and indicate whether it is *present*, *past*, or *either*.

_______________ 1. Llamé por teléfono a mis primos de Alemania.

_______________ 2. Estudiamos toda la tarde para el examen de español.

_______________ 3. La semana pasada estudiamos los pasados en español.

_______________ 4. Juan y su familia siempre hablan en español.

_______________ 5. La profesora nos enseñó cómo pronunciar la letra *r* en español.

_______________ 6. ¿Estudias por la mañana o por la tarde?

_______________ 7. ¿Qué llevaste tú a la fiesta?

_______________ 8. ¿Invito a Marta?

_______________ 9. ¿Invitamos a Marta?

_______________ 10. ¿Invitó a Marta?

Ejercicio 4-8

Listen to each sentence and indicate whether it is *lógico* or *ilógico*.

1. lógico/ilógico
2. lógico/ilógico
3. lógico/ilógico
4. lógico/ilógico
5. lógico/ilógico
6. lógico/ilógico

Capítulo 4: Mis antepasados

Ejercicio 4-9

Listen to the story and fill in the blanks with the verbs you hear.

Ayer ______________ por teléfono con mis amigos María y Luis, y me ______________ a pasar las vacaciones de verano en Perú. Unos años atrás ______________ Perú con un amigo, pero nos ______________ a Lima, en la costa, y no ______________ Machu Picchu o el Cusco.

Luis y María ______________ a escribir en un blog sobre los incas, y también ______________ mucho las explicaciones de Itzel y Juan en el blog sobre la historia y la cultura de los mayas.

Esta mañana, ______________ a una agencia de viajes y ______________ un plan para visitar Perú y la zona de los Andes. También ______________ un hotel en el Cusco para poder ver a Luis y María.

Ejercicio 4-10

Read Alex's email to his friend Carlos about what has happened since he moved to the capital city. Complete each sentence with the preterite form of the correct verb from the word bank. Some verbs will be used more than once.

cambiar	contar	desayunar	estudiar	mandar	pasar
cenar	contestar	enfermarse	*faltar*[1]	mudarse	tomar

¡Hola, Carlos!

Te escribo este email porque quiero contarte lo que ______________ desde que ______________ a la capital el mes pasado. Lo primero es que mi escuela nueva ______________ los horarios de las clases de gimnasia hace unos días. Ahora tenemos gimnasia a primera hora de la mañana, pero ayer ______________ a la clase porque me levanté tarde. Creo que ______________ de la comida que ______________ y tampoco ______________ mi café con leche por la mañana. Ayer por la tarde le ______________ un email al profesor de gimnasia y le ______________ lo que ______________. Me ______________ el correo hace una hora y dice que no hay problema; solamente tengo que estudiar las estrategias básicas del baloncesto. Lo bueno es que ya ______________ eso el año pasado y no necesito estudiarlo otra vez. Hoy quiero descansar un poco porque ayer no ______________ ningún descanso y no quiero enfermarme más.

Un saludo para los chicos. Les *echo de menos*[2] mucho.

Alex

[1] to miss class or an appointment
[2] to miss someone or something

 Nombre ______________________

Ejercicio 4-11

Paso 1

Use complete sentences to answer the following questions regarding what you did yesterday.

1. ¿A qué hora te levantaste?

   ____

2. ¿Desayunaste ayer por la mañana? ¿Qué desayunaste?

   ____

3. ¿Estudiaste ayer? ¿Qué asignaturas estudiaste?

   ____

4. ¿A qué hora cenaste? ¿Qué cenaste?

   ____

5. ¿Acabaste tus tareas de la escuela ayer?

   ____

6. ¿A qué hora te acostaste?

   ____

Paso 2

Write a paragraph detailing what you did yesterday (e.g., the times when you got up, went to school, studied, or ate lunch and dinner). Include as many details as possible.

Modelo
Ayer me levanté a las seis de la mañana, y desayuné un café y una tostada.

____

____

____

____

Paso 3

Choose a family member and write a paragraph detailing what he or she did yesterday. Include details such as the times he or she got up or had lunch.

Modelo
Ayer mi mamá se levantó a las seis de la mañana, y desayunó un café y una tostada.

____

____

____

____

Ejercicio 4-12

Answer the following questions regarding last Sunday's church service. Use complete sentences.

1. ¿Sobre qué predicó el pastor? ¿Una doctrina? ¿Un tema práctico? ¿Un personaje de la Biblia?

____

____

2. ¿Qué pasajes o versículos de la Biblia usó?

____

____

3. ¿Te gustó el mensaje? ¿Qué parte del mensaje te gustó más?

____

____

Ejercicio 4-13

Read the *Más información* box on page 106 of your textbook. Complete each sentence with one of the following time expressions: *anoche*, *ayer*, *hace*, *pasado/a*, or *ya*. (Some time expressions will be used more than once.) Then match the most appropriate response to each question.

A. Sí, almorcé ______________ una hora.
B. Acabó ______________ tres años.
C. Sí, la mandé el lunes ______________.
D. ______________ desayuné huevos con jamón.
E. Sí, ______________ las preparó. Acabó de prepararlas a las 11:30 de la noche.
F. ______________ veinte años.

_____ 1. ¿Cuánto tiempo ______________ que tu hermano terminó sus estudios?
_____ 2. ¿Qué desayunaste ______________ por la mañana?
_____ 3. ¿Cuánto tiempo ______________ que se casaron tus padres?
_____ 4. ¿Mandaste la carta la semana ______________?
_____ 5. ¿______________ comiste?
_____ 6. ¿Preparó Juan las maletas ______________?

 Nombre ______________________

Normalmente . . . pero ayer . . .

Ejercicio 4-14

Complete each sentence with the correct form of the most logical verb (the same verb will be used twice in each sentence). Use the present or the preterite tense, based on the context of the sentence.

cocinar	contestar	desayunar	ganar	invitar	limpiar

1. Normalmente ____________ un café con leche antes de ir a la escuela, pero anteayer ____________ chocolate.
2. Mi madre siempre ____________ enchiladas para cenar los viernes, pero anoche ____________ una pizza muy rica.
3. Mis hermanos ____________ a sus amigos a jugar todos los sábados, pero el sábado pasado no los ____________ porque se enfermaron con *gripe*[1].
4. Mi equipo de fútbol ____________ todos los partidos, pero hace dos semanas no ____________.
5. Mi prima siempre ____________ todas las preguntas en los exámenes, pero el otro día sólo ____________ la mitad de las preguntas del examen de física.
6. Mi hermano y yo nunca ____________ nuestro cuarto, pero ayer lo ____________ *de arriba abajo*[2].

Ejercicio 4-15

Think about your activities last Monday and last Saturday. Using the verbs in the word bank, write three sentences describing how your routine differed on these days.

bañarse	cocinar	desayunar	hablar con . . .	levantarse	mirar televisión
cenar	comprar	estudiar	invitar	limpiar	peinarse

Modelo
Los lunes voy a la escuela, pero el lunes pasado fue fiesta y no fui a la escuela.

1. ____
____
2. ____
____
3. ____
____

Communication			
I can describe past activities and events.			

[1] flu
[2] from top to bottom

CONEXIONES CULTURALES CON EL PRESENTE

La vida de la cultura andina

Ejercicio 4-16

Read the *Conexiones culturales* feature on pages 112–13 in your textbook, then determine whether each statement about the Inca people and their culture is *cierto* or *falso*.

cierto/falso 1. The Andean culture can be found in more than five modern countries in South America.

cierto/falso 2. The Andes are the tallest mountain range in the world.

cierto/falso 3. The people of the Andes cultivated crops in diverse terrain, such as the coast, the highlands, and the rainforest.

cierto/falso 4. The people of the Andes had to invent ways to preserve and store the food they produced.

cierto/falso 5. All people living in the Andes are indigenous people.

cierto/falso 6. Several languages are spoken in the Andes.

cierto/falso 7. No Inca words have been adopted into Spanish or English.

cierto/falso 8. Andean farmers no longer use *andenes* for their crops.

cierto/falso 9. The condor is a symbol of the Andes.

cierto/falso 10. Andean clothing is woven from llama wool.

Ejercicio 4-17

Answer each question by underlining the correct word relating to Andean culture.

1. Which one is an animal? papa chullo cuy poncho tarka
2. Which one is a food? guanaco chaleco quena chuño tarka
3. Which one is a piece of clothing? vicuña poncho alpaca api morado cancha
4. Which one is a musical instrument? quena chuño pollera guanaco cura
5. Which one is not an Inca word? cancha cura pastor coca carpa

I can describe life in today's Andean culture.

 Nombre ____________________

Diálogo 4-2: ¿Qué pasó?

Ejercicio 4-18

Paso 1

Read and listen to Diálogo 4-2 (pages 114–15 in your textbook). Then write the expression from the dialog that most closely matches each of the following definitions.

____________________ 1. terminar un trabajo

____________________ 2. un trabajo o tarea

____________________ 3. decir o explicar una historia a alguien

____________________ 4. un tiempo en el pasado

____________________ 5. un familiar que nace después

____________________ 6. las personas que gobiernan, los monarcas

____________________ 7. llegar al fin de la vida

____________________ 8. gustar mucho

Paso 2

Write the infinitive verb that matches the preterite form used in each sentence from the dialog.

aprender	enviar	hablar	morir	preguntar	ser
contar	escribir	ir	nacer	recibir	vivir

______________ 1. [El Inca Garcilaso] escribió la historia de los incas.

______________ 2. Le conté a la profesora de historia que eres descendiente del Inca Garcilaso.

______________ 3. [Garcilaso] fue un escritor muy importante en aquella época.

______________ 4. [Garcilaso] vivió con la familia de su madre en Perú.

______________ 5. [Garcilaso] aprendió quechua y español.

______________ 6. [Garcilaso] nació en el Cusco en 1539.

______________ 7. [Garcilaso] murió en Córdoba, en España.

______________ 8. Ayer recibí un email de Itzel.

______________ 9. [Itzel] me preguntó sobre los incas.

______________ 10. ¿Y le hablaste de *Los comentarios reales* del Inca Garcilaso?

______________ 11. Sí, y también le envié unas fotos del Inca Garcilaso.

______________ 12. ¡Ya fuimos a Machu Picchu hace tres años!

Ejercicio 4-19

Read Diálogo 4-2 again, then answer the following questions in English.

1. When do María and Laura plan to finish their school project?

____

2. Did the boys finish their homework?

____

3. What did María tell her history teacher about Luis?

____

4. What did the teacher say that El Inca Garcilaso was in his day?

____

5. Whom was El Inca Garcilaso a descendant of?

____

6. What did Garcilaso write about?

____

7. Whom did Garcilaso live with as a child?

____

8. What languages did Garcilaso learn to speak?

____

9. Where did Garcilaso go to live later?

____

10. How long does Luis think El Inca Garcilaso lived in Spain?

____

11. Where and when was Garcilaso born?

____

12. Where did Garcilaso die?

____

Interpretive reading and listening			
I can explain details from María and Luis's conversation about El Inca Garcilaso's life.			

 Nombre ______________________________

¿QUÉ PASÓ EN EL VIAJE?

El pretérito de los verbos regulares (*-er* e *-ir*)

Ejercicio 4-20

Indicate whether the following statements are in the *past*, *present*, or *either*.

______________ 1. Mi hermano estudió en la Universidad Inca Garcilaso de la Vega.

______________ 2. ¿Tu hermano vende carros americanos?

______________ 3. Los padres de mi amigo Juan vendieron su casa a una familia francesa.

______________ 4. El pastor y su esposa viven cerca de mi casa.

______________ 5. ¡Nunca salgo de casa por la noche!

______________ 6. Abrimos la farmacia a las 8:30 de la mañana.

______________ 7. ¿Por qué discutiste con ella?

______________ 8. Vivimos en una casa rústica, cerca del centro.

______________ 9. ¿Por qué se escondieron ustedes?

______________10. ¿Qué decidió finalmente la profesora?

Ejercicio 4-21

Match each question to the most logical response.

_____ 1. ¿Qué aprendiste en la escuela hoy?

_____ 2. ¿Por qué vendieron la casa los Martínez?

_____ 3. ¿Qué te pareció el jugo de mango con naranja?

_____ 4. ¿Corrieron en la maratón de la escuela?

_____ 5. ¿Qué te respondió el médico?

_____ 6. ¿Por qué *discutieron*[1] Lucas y Carlos?

_____ 7. ¿Qué les prometieron si ganan el partido?

_____ 8. ¿Sabes que abrieron un centro comercial nuevo en el centro?

A. Me respondió que necesito una operación urgente.

B. Me gustó mucho la combinación de esas frutas.

C. Nos prometieron un premio *en metálico*[2].

D. Porque rompió su teléfono.

E. Aprendí sobre la célula. ¡Es muy interesante!

F. Sí, lo vi en las noticias.

G. No pudimos correr porque llovió mucho.

H. Porque compraron una casa más grande.

[1] they argued
[2] in cash

Ejercicio 4-22

Paso 1

Complete the story about Tom's vacation in Peru by writing the correct preterite form of each verb.

Me llamo Tom, y hace tres años, mis padres me ______________ (prometieron/prometió/prometimos) unas vacaciones de verano en Perú. Así que, después de pensarlo, ______________ (decidió/decidimos/decidí) tomar unas clases de español para poder hablar con la gente. ______________ (Aprendieron/Aprendí/Aprendiste) mucho en la clase de Español 2 porque ______________ (escribí/escribió/escribiste) mucho y ______________ (hablaron/hablaste/hablé) mucho con mis compañeros en la clase. La práctica es muy importante para aprender idiomas. Un día ______________ (comieron/comiste/comimos) en un restaurante mexicano para aprender a pedir comida en español. El mesero nos ______________ (serviste/sirvió/sirvieron) la comida y nos habló en español todo el tiempo. ¡Qué divertido!

Al llegar a Lima (Perú), me ______________ (subí/subimos/subió) en un taxi que me ______________ (llevaste/llevó/llevé) desde el aeropuerto hasta el hotel. En el hotel nos ______________ (recibimos/recibiste/recibieron) a todos los turistas con unos jugos de fruta fríos muy buenos y luego ______________ (comieron/comimos/comió) ceviche de pescado todos juntos en el restaurante del hotel. Por la tarde, ______________ (decidió/decidiste/decidí) quedarme en el hotel y descansar.

Al día siguiente, un estudiante americano, Jacob, y yo nos ______________ (subimos/subió/subieron) a un taxi para ir a ver el centro de Lima, pero el taxi ______________ (sufrieron/sufrió/sufriste) un accidente con otro carro y los dos conductores ______________ (discutimos/discutió/discutieron) durante mucho tiempo. Así que Jacob y yo ______________ (decidimos/decidieron/decidió) caminar hasta el centro para no esperar más.

 Nombre ______________________

Paso 2

Indicate whether each statement is *cierto* or *falso* based on Paso 1. If a statement is *falso*, correct it to be *cierto*.

cierto/falso 1. Los padres de Tom le regalaron un viaje a Perú para las vacaciones de verano.

____

cierto/falso 2. Tom decidió no estudiar español.

____

cierto/falso 3. Tom aprendió mucho en la clase de Español 2.

____

cierto/falso 4. Tom escribió y habló mucho para practicar su español.

____

cierto/falso 5. Tom se subió en un autobús para ir del aeropuerto al hotel.

____

cierto/falso 6. El hotel recibió a Tom y los otros turistas con jugos y una comida típica del Perú.

____

cierto/falso 7. Tom decidió salir a ver la ciudad por la tarde.

____

cierto/falso 8. Tom conoció a otro estudiante americano en el hotel.

____

cierto/falso 9. Los conductores tomaron café juntos después del accidente.

____

cierto/falso 10. Tom y Jacob decidieron caminar al centro porque no encontraron un taxi en Lima.

____

Ejercicio 4-23

Tom wants to complete his last year of high school in Peru through a student exchange program. After arriving in Lima, Peru, he meets with an admissions counselor who asks him several questions. Complete each sentence with the appropriate form of the correct verb: *aprender, decidir, escoger, llegar, nacer, recibir, ver, visitar,* or *vivir*. (Some verbs will be used more than once.) Then match each of the admission counselor's questions to the most appropriate response.

A. Hace tres años, cuando ______________ Perú por vacaciones. Me encantó.
B. Sí, lo ______________ en la escuela.
C. ______________ hace una semana.
D. La ______________ el mes pasado.
E. ______________ en Texas, en los Estados Unidos.
F. ______________ la información en la página web de la escuela.
G. ______________ el siete de marzo del dos mil dos.
H. Porque mis papás ______________ en Perú de niños, y también me gusta el español.

_____ 1. ¿Cuándo ______________ a Lima?
_____ 2. ¿Dónde ______________?
_____ 3. ¿En qué fecha ______________?
_____ 4. ¿Por qué ______________ español como tu lengua extranjera?
_____ 5. ¿Cuándo ______________ estudiar en Perú?
_____ 6. ¿ ______________ español en la escuela en los Estados Unidos?
_____ 7. ¿Dónde ______________ la información sobre el programa de intercambio estudiantil?
_____ 8. ¿Cuándo ______________ la carta de admisión al programa?

Ejercicio 4-24

Answer the following questions about yourself and your parents with complete sentences.

1. ¿En qué año naciste? ¿Y en qué mes del año naciste?

____

2. ¿Dónde naciste?

____

3. ¿En qué año nacieron tus papás?

____

4. ¿Dónde se conocieron tu papá y tu mamá? ¿Y en qué año se casaron?

____

Ejercicio 4-25

Answer the following questions about your last visit to a restaurant with your family. Use complete sentences.

1. ¿Qué tipo de comida comieron ustedes? ¿Mexicana, china, hamburguesería, otra?

____

____

2. ¿Qué comieron tus padres? ¿Y tus hermanos? ¿Y tú?

____

____

3. ¿Qué bebieron tus padres? ¿Y tus hermanos? ¿Y tú?

____

____

4. ¿Quién pagó la cuenta de la comida?

____

____

Las fechas y los años

Ejercicio 4-26

Write each date you hear in numerical form and complete the missing parts of the dates.

1620 1. mil seiscientos ________ veinte

_______ 2. mil novecientos _________________

_______ 3. mil novecientos _________________

_______ 4. dos mil _________________

_______ 5. _________________ mil doce

_______ 6. mil novecientos _________________

_______ 7. mil quinientos _________________

_______ 8. mil setecientos _________________

_______ 9. setecientos _________________

Ejercicio 4-27

Complete the descriptions of important historical events by writing the dates you hear. Use numerical form to indicate each year.

1. La Primera Guerra Mundial duró desde _______ a _______.
2. Shakespeare nació en _______.
3. El Inca Garcilaso de la Vega nació en _______.
4. Shakespeare y el Inca Garcilaso de la Vega murieron en _______.
5. Tim Berners-Lee inventó la red mundial, o internet, en _______.
6. La Segunda Guerra Mundial terminó en _______.
7. El primer presidente negro de los Estados Unidos, Barack Obama, sirvió desde el _______ hasta el _______.

¿QUIÉN FUE Y A DÓNDE FUE?

El pretérito de los verbos *ser* e *ir*

Ejercicio 4-28

Santiago's mother found some broken plates in the kitchen. Now she is trying to find out who broke them. Complete the dialog by choosing the correct preterite form of the verb *ser*.

Mamá: Encontré unos platos rotos en la cocina esta mañana. ¿Quién los rompió?

Santiago: No ____________ (fui/fue/fuiste) yo.

Mamá: Pues si no ____________ (fueron/fuiste/fuimos) tú, ¿quién fue?

Santiago: ¡No sé quién ____________ (fui/fuimos/fue)! Quizá ____________ (fueron/fuimos/fue) mis hermanitos jugando con la pelota.

Mamá: No ____________ (fuimos/fuiste/fueron) ellos porque llegaron de la escuela hace diez minutos.

Santiago: ¿Le preguntaste a Lurdes si ____________ (fueron/fue/fui) ella?

Mamá: Sí, se lo pregunté, y no ____________ (fue/fui/fuimos) ella. ¡Mateo, Juan! ¿____________ (Fuimos/Fueron/Fuiste) ustedes?

Mateo: Nosotros no ____________ (fueron/fui/fuimos). Acabamos de llegar de la escuela hace cinco minutos.

Santiago: Pues, ¡qué misterio! ¿Quién ____________ (fueron/fue/fui) *el culpable*[1] que rompió los platos?

Mamá: Bueno, no importa. Tenemos platos de papel para almorzar. Puedo comprar platos mañana.

[1] the guilty one

Ejercicio 4-29

Santiago's mother went to a store to buy new plates, and now her children are asking her a few questions. Complete the dialog by choosing the correct preterite form of the verb *ir*.

Mamá: Ya compré unos platos nuevos.

Santiago: ¡Qué bonitos! ¿A dónde ___________ (fui/fue/fuiste) a comprarlos?

Mamá: Pues ___________ (fuimos/fue/fuiste) tu papá y yo a una tienda nueva cerca del supermercado.

Santiago: ¿No ___________ (fuimos/fuiste/fueron) al centro comercial?

Mamá: No. Tu papá me dejó en la tienda y se ___________ (fue/fui/fueron) al centro comercial a comprar, y yo ___________ (fuimos/fuiste/fui) a la tienda nueva porque tienen unos platos muy bonitos.

Lurdes: ¿Cuándo ___________ (fuimos/fue/fuiste)? ¡Yo también quiero ver esa tienda!

Mamá: ___________ (Fue/Fui/Fuimos) esta mañana, después de marcharse ustedes a la escuela.

Mateo: ¿Por qué ___________ (fueron/fuiste/fuimos) sin nosotros? Nosotros también queremos ver la tienda.

Santiago: ¿Quieren ver una tienda de platos? ¿Para qué?

Mamá: No pasa nada. Mañana quiero volver a la tienda porque vi unos platos de postre muy bonitos. Les espero y después de la escuela vamos todos juntos.

Todos: ¡Bien!

Ejercicio 4-30

Listen to Luis and María's conversation and complete each sentence with the verb you hear. Then write *ser* or *ir* to indicate whether they were describing someone or something (*ser*) or whether someone was going somewhere (*ir*).

_______ 1. **Luis:** Anteayer ___________ la biblioteca para leer *Los comentarios reales* del Inca Garcilaso.

_______ 2. **María:** ¿Y no viste el concierto de música? ¡___________ espectacular!

_______ 3. **Luis:** ¿Sabes que el profesor de inglés ___________ profesor de historia antes de enseñar inglés?

_______ 4. **María:** ¿Sí? Pues la semana pasada ___________ su casa y nos habló mucho de la historia del Perú.

_______ 5. **Luis:** Sí, a nosotros también nos habló de la historia del Perú, y ___________ muy interesante.

_______ 6. **María:** Nos contó que ___________ muchos pueblos de los Andes.

Communication			
I can talk about events, dates, and people in the past.			

Nombre ______________________

UNA CASA BONITA

La vivienda y los objetos domésticos

Ejercicio 5-5

Label each common household item pictured. Include the correct definite article with the noun.

1. ______________________

2. ______________________

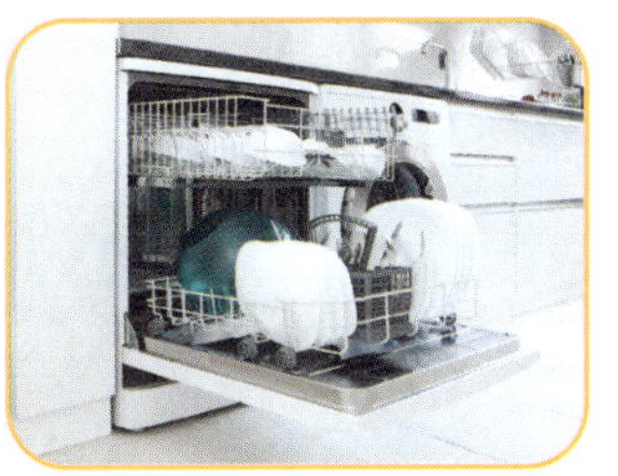

3. ______________________

4. ______________________

5. ______________________

6. ______________________

7. ______________________

8. ______________________

9. ______________________

10. ______________________

11. ______________________

12. ______________________

Ejercicio 5-6

Listen as each piece of furniture or appliance is named. Write the room(s) where the item belongs.

el baño	la cocina	el comedor	el dormitorio	la oficina	la sala

1. ______________________
2. ______________________
3. ______________________
4. ______________________
5. ______________________
6. ______________________
7. ______________________
8. ______________________
9. ______________________
10. ______________________

Communication   

I can identify the rooms and furniture of my house in Spanish.

MI HABITACIÓN IDEAL

Pretérito de verbos que acaban en *-car*, *-gar*, *-zar*

Ejercicio 5-7

Match each sentence to the category of task done in the home.

A. adorno de casa	**C.** tareas escolares
B. arreglo de habitación	**D.** tareas del hogar

_____ 1. Anoche utilicé solamente papel, un lápiz y una calculadora para los problemas de matemáticas.

_____ 2. El sábado pasado organicé todos los zapatos de mi armario.

_____ 3. Ya busqué la palabra en el diccionario y por internet, y no la encontré.

_____ 4. Sí, mamá, practiqué una hora de piano hoy.

_____ 5. Comencé el día recogiendo los platos limpios del lavaplatos. Siempre lo hago los miércoles.

_____ 6. Colgué el calendario del año nuevo sobre mi escritorio en la habitación.

_____ 7. Por lo general, saco la basura después de cenar, pero ayer la saqué después del desayuno.

_____ 8. Colgué todos mis abrigos en el armario de mi habitación.

_____ 9. Coloqué el sillón en la sala. Mi madre dice que se ve mejor allí.

_____10. Fregué el piso de la cocina después de la cena y todavía está mojado.

Nombre ______________________________

Ejercicio 5-8

Paso 1

Diego is telling about his lost shoes. As you read his story, underline the correct form of each verb.

La semana pasada no encontré los zapatos nuevos que mi mamá me compró. Los (busqué/buscó) por tres horas en mi dormitorio sin encontrarlos. Entonces, mi mamá (decidí/decidió) que *era*[1] hora de limpiar mi dormitorio.

"Nadie puede entrar a tu dormitorio porque está lleno de *trastos*[2]. Bueno, ya es suficiente. ¡Hay que organizarlo en este mismo instante!"

Así que después de (dediqué/dedicar) la tarde a organizar mi dormitorio, mi mamá me preguntó, "Diego, ya (organicé/organizaste) tu dormitorio como *te pedí*[3]?"

Le contesté, "Sí, mamá, lo (organicé/organizó) todo. (Colgó/Colgué) mi ropa en el armario, (hizo/hice) la cama, y (saqué/saca) la basura de mi dormitorio. También limpié las ventanas, (frego/fregué) el piso, y (coloqué/colocó) todos mis juegos de video en la estantería. Además de esto, (practiqué/practicaste) una hora de piano, y (terminar/terminé) todas mis tareas de la escuela."

Mi mamá me respondió, "¿Y no te (fatigaste/fatigaron) después de tanto trabajo, mi hijo?"

Yo le contesté, "No, mamá, no me (fatigué/fatigo) para nada. Además, (encuentro/encontré) los zapatos nuevos que me compraste y (comienzo/comencé) a lavar los platos en la cocina."

Cuando mi mamá oyó esto, *se sorprendió*[4] tanto que *se desmayó*[5].

Paso 2

Indicate whether each statement is *cierto* or *falso* based on Paso 1. If a statement is *falso*, correct it to be *cierto*.

cierto/falso 1. La mamá de Diego decidió que Diego *tenía que*[6] limpiar su dormitorio.

____

cierto/falso 2. Diego buscó sus zapatos todo el día.

____

cierto/falso 3. Diego organizó su dormitorio completamente.

____

cierto/falso 4. La mamá de Diego le preguntó si encontró los zapatos nuevos.

____

[1] was
[2] junk
[3] I asked you
[4] was surprised
[5] fainted
[6] had to

Ejercicio 5-9

Complete each question and response with the appropriate preterite form of the correct verb.

Modelo
¿Ya colgaste ____________ (clasificar/colgar) todos los pósteres de tu habitación?
—No, no los colgué ____________ todos.

1. ¿Ya ____________ (comenzar/organizar) a limpiar tu habitación?

   —Sí, mamá. ____________ hace una hora.

2. ¿Cuánto ____________ (pagar/investigar) por tu juego de video?

   —____________ veinticinco dólares.

3. ¿Por qué ____________ (sacar/organizar) los zapatos en tu armario por colores?

   —Los ____________ por colores porque es más fácil encontrarlos cuando me visto por las mañanas.

4. Mi hijo, ¿____________ (sacar/atacar) los perros a pasear?

   —Sí, papá. Los ____________ antes de darles de comer.

5. ¿____________ (avanzar/empezar) a estudiar para tu examen mañana?

   —Sí, ____________ a estudiar en la escuela, antes de venir a casa.

6. ¿____________ (investigar/delegar) el tema de tu proyecto para la clase de inglés?

   —No, no lo ____________ todavía porque está cerrada la biblioteca.

7. ¿Cuándo te ____________ (bautizar/predicar) en la iglesia?

   —Me ____________ después de aceptar a Cristo como mi Salvador personal.

8. ¿Les ____________ (interrogar/testificar) de Cristo a tus amigos?

   —Sí, les ____________ después de la predicación a los jovenes en la iglesia.

Nombre ______________________________

Pronombres de objeto directo *lo / los y la / las*

Ejercicio 5-10

Complete each answer by writing the appropriate direct object pronoun.

1. ¿Vendiste tus libros de texto?

   —Sí, _______ vendí en la escuela.

2. ¿Por cuánto _______ vendiste?

   —_______ vendí por veinticinco dólares.

3. ¿Compraron los videojuegos en la tienda?

   —Sí, _______ compramos.

4. ¿Estudiaste *los apuntes*[1] para el examen mañana?

   —No, _______ tengo conmigo, pero no _______ estudié.

5. ¿Puedes leer lo que el profesor escribió en la pizarra?

   —Sí, _______ puedo leer bien. ¿Te _______ digo?

6. ¿Sacaste las cajas de tu cómoda?

   —No, es difícil sacar_______.

7. ¿Estás organizando tu ropa en el armario?

   —Sí, _______ estoy organizando, pero es mucha ropa.

8. Hay que colocar los cuadros en la pared.

   —¿Dónde _______ quieres colgar?

9. Vamos a pintar nuestra casa.

   —¿De qué color vas a pintar_______?

10. ¿Estás vendiendo tu computadora?

    —No, no estoy vendiéndo_______.

[1]notes

Ejercicio 5-11

Observe what each person is doing. Then answer each question with a sentence using the direct object pronoun.

1. ¿Ya fregó Carmen el piso de la cocina?

2. ¿De que color está pintando David su dormitorio?

____

____

3. ¿Organizó Miguel su escritorio?

____

____

4. ¿Empezó Débora a lavar los platos?

____

____

Nombre ____________________

Ejercicio 5-12

Answer the following questions about yourself, using direct object pronouns as needed. (Not all sentences will require one.)

1. ¿Organizaste tu dormitorio antes de venir a la escuela hoy?

   ____

2. ¿Tocaste la pantalla de tu computadora recientemente?

   ____

3. ¿Llegaste a tiempo a la clase de español hoy?

   ____

4. ¿Cruzaste la calle para venir a la escuela hoy?

   ____

5. ¿Almorzaste en casa el domingo?

   ____

Communication			
I can describe tasks done in my room or at home.			

Nombre ______________________________

CONEXIONES CULTURALES CON EL PRESENTE

"Mi casa es su casa"

Ejercicio 5-13

Indicate whether each statement is *cierto* or *falso* based on the *Conexiones culturales* feature on pages 148–49 of your textbook.

cierto/falso 1. The style of a person's house can reflect his culture.

cierto/falso 2. Climate usually does not play a big part in home construction.

cierto/falso 3. Wood is less commonly used in houses in Hispanic countries than in the United States.

cierto/falso 4. The native people of Mesoamerica and South America were not very good builders.

cierto/falso 5. Since people in Spanish-speaking countries do not like to mow grass, their lawns are smaller.

cierto/falso 6. Marble or ceramic tile floors are common in houses in Spanish-speaking countries.

cierto/falso 7. *Hierro forjado* refers to forged iron.

cierto/falso 8. Spanish colonial design is not used in home construction today.

cierto/falso 9. Contemporary house styles make efficient use of arches, thick walls, and stone.

cierto/falso 10. *Mi casa es su casa* would loosely translate to the phrase "Feel at home."

Ejercicio 5-14

Use what you read in the *Conexiones culturales* feature to answer the following questions in English.

1. What roles does weather play in house design in the United States?

____

____

2. Why might some houses in Spanish-speaking countries not use central heating or air?

____

____

3. List a way in which your house may look different from a typical house in a Spanish-speaking country.

____

____

Culture			
I can compare houses in the Hispanic world and in the United States.			

Nombre ______________________

Diálogo 5-2: Hobbies, pasatiempos y aficiones

Ejercicio 5-15

Look at each phrase below. Then read and listen to Diálogo 5-2 (pages 150–51 in your textbook). Write the expression from the dialog that has the same meaning as the English phrase.

______________________ 1. a new toy

______________________ 2. Where did you hear it?

______________________ 3. I want it as a hobby.

______________________ 4. I chose.

______________________ 5. I was talking.

______________________ 6. It's more powerful than mine.

______________________ 7. He suggested it to me.

______________________ 8. I asked them for a telescope.

______________________ 9. your favorite pastime

______________________ 10. I spend my time.

______________________ 11. I read the biography.

______________________ 12. he discovered

Ejercicio 5-16

Answer the following questions in Spanish.

1. After touring the house, María talks with Luis about a gift he recently received. What does María say to start the conversation?

   ____

2. They discuss some of their favorite hobbies and pastimes. How does María ask how many hobbies Luis has?

   ____

3. What does María say to indicate she recently read the biography of the man who discovered Machu Picchu?

   ____

   ____

4. How does María respond when Luis tells her he would like to put some of her photos of Machu Picchu alongside the posters in his room?

   ____

Ejercicio 5-17

Write the missing verb to complete each sentence from Diálogo 5-2. (Use the infinitives below to help you.) Then write in English what you think the verb means within the sentence.

comprar	elegir	oír	pensar
descubrir	leer	pedir	sugerir

____________ 1. ¡__________ que tienes un juguete nuevo!

____________ 2. ¿Dónde lo __________?

____________ 3. Yo __________ un telescopio electrónico.

____________ 4. Él __________ un modelo normal de lentes, pero es más potente que el mío.

____________ 5. Pero, ¿por qué te __________ un telescopio?

____________ 6. Estuve hablando con Juan . . . y me lo __________.

____________ 7. Y como mis padres querían hacerme un regalo, les __________ un telescopio.

____________ 8. __________ que tu pasatiempo favorito es la lectura.

____________ 9. Por cierto, ayer __________ la biografía de Hiram Bingham.

____________ 10. Leí la biografía . . . [del] profesor . . . que __________ Machu Picchu.

Ejercicio 5-18

Read the following questions. Then read and listen to Diálogo 5-2 again to find the answers.

1. Who told María about Luis's new toy?

____

2. Why does Luis want a telescope?

____

3. What is one thing that Luis is able to do with his telescope that Juan cannot do with his?

____

4. Who wanted to give Luis a gift?

____

5. How many hobbies does Luis have?

____

6. How does María enjoy spending her time?

____

Interpretive reading and listening			
I can understand what Luis and María are saying as they discuss their hobbies.			

Nombre ______________________________

HOBBIES, PASATIEMPOS Y AFICIONES

Pretérito de verbos *-ar* y *-er* que cambian su raíz

Ejercicio 5-19

Paso 1

Complete each sentence with the most logical verb.

cierro	entienden	pierdo
defiende	piensan	te mueves

1. Cuando quiero tocar la guitarra, abro las ventanas, pero ______________ la puerta.
2. Un perro leal y bien entrenado es uno que ______________ la casa de su dueño.
3. Los estudiantes ______________ la importancia de leer un poquito cada día.
4. Si manejo el carro sin GPS, me ______________ fácilmente en el tráfico.
5. Mis amigos ______________ que el béisbol es un deporte poco interesante.
6. El fútbol es un deporte en el que ______________ mucho. Tienes que estar en buena forma.

Paso 2

Complete each sentence with the most logical verb.

cerré	entendieron	pensaron
defendió	moviste	perdí

1. El libro de aventuras fue tan interesante que ______________ la noción del tiempo.
2. ¿______________ tu rey detrás de un peón? No importa, porque el ajedrez es un juego que sé jugar muy bien.
3. ______________ que el partido de béisbol fue poco interesante, pero les gustó comer las *palomitas de maíz*[1].
4. ______________ todo lo que pasó en la opera aunque fue en italiano.
5. ______________ la *funda*[2] de mi nueva cámara para protegerla de la lluvia.
6. La defensa ______________ la *portería*[3] tan bien que el otro equipo no metió ningún gol durante el partido.

[1] popcorn
[2] case
[3] goal

Ejercicio 5-20

Paso 1

María and Luis talk to each other about their reading and schoolwork. Complete each sentence with the correct form of the verb (past or present).

María: Hola, Luis. ¿Qué tal? ¿_____________ (comenzar) a leer la biografía de Hiram Bingham?

Luis: No, todavía no. _____________ (comenzar) a leerla hoy después de la escuela.

María: Yo _____________ (pensar) que tu pasatiempo favorito es la lectura.

Luis: Sí, leer es lo que más me gusta, pero de vez en cuando _____________ (perder) el tiempo tocando el charango. Aunque _____________ (pensar) que la lectura es muy importante.

María: Sí, te _____________ (entender). Yo también *malgasto*[1] el tiempo con otras cosas insignificantes. Pero te _____________ (recomendar) leer la biografía antes de ir a Machu Picchu. A propósito, ¿_____________ (entender) lo que tenemos que hacer para la tarea de álgebra mañana?

Luis: Sí, el álgebra es un tema que _____________ (entender) muy bien. ¿Por qué me preguntas?

María: Es que _____________ (perder) los apuntes y no _____________ (entender) nada en la clase hoy.

Luis: Bueno, te _____________ (recomendar) repasar las propiedades de la suma y la resta y como se pueden manipular para resolver las *ecuaciones*[2].

María: Gracias, es lo mismo que me _____________ (recomendar) el profesor de matemáticas.

Paso 2

Indicate whether each statement is *cierto* or *falso* based on Paso 1.

cierto/falso 1. María pregunta si Luis comenzó la lectura de Hiram Bingham.

cierto/falso 2. Luis comenzó a leer la biografía antes de la escuela ayer.

cierto/falso 3. Luis perdió el tiempo tocando el charango.

cierto/falso 4. Luis piensa que la lectura es más importante que el charango.

cierto/falso 5. María le recomienda leer la biografía del Sr. Bingham después de visitar Machu Picchu.

cierto/falso 6. María perdió sus apuntes de la clase de álgebra.

cierto/falso 7. Luis le recomendó lo mismo que el profesor de matemáticas.

[1] waste, fritter away
[2] equations

Nombre ____________________

Pretérito de verbos *-ir* que cambian su raíz

Ejercicio 5-21

Paso 1

Complete each sentence with the most logical verb.

me duermo	se despiden	se mueren
pide	se divierten	sonríen

1. En el último día de la escuela, los estudiantes ______________ antes de las vacaciones.
2. Alejandro le ______________ a su amigo el número de teléfono para mandarle la dirección de su casa.
3. Cuando es invierno, muchos insectos ______________ por el frío.
4. Por lo general, ______________ después de las once de la noche.
5. Los jovenes ______________ con los globos llenos de agua.
6. Las muchachas ______________ para la foto de su graduación.

Paso 2

Complete each sentence with the most logical verb.

dormí	se despidieron	se murieron
pidió	se divirtieron	sonrieron

1. Como trabajé todo el día ayer, ________________________ hasta las diez de la mañana hoy.
2. Después de dos semanas de *lucir*[1] tan bonitas, las flores en la mesa ________________________.
3. Todos ________________________ para la foto que tomó Esteban con la cámara de su teléfono.
4. Carlos y Max ________________________ construyendo unos modelos de aviones.
5. Sandra les ________________________ a sus padres un gatito de color blanco.
6. Los amigos ________________________ después de pasar horas tocando la guitarra.

[1] to look

Ejercicio 5-22

Paso 1

Listen to the following sentences about María's friend's party. Fill in each blank with the verb you hear.

1. Yo le ______________ a Carmen papel de regalo para envolver el regalo de Laura.
2. Laura, ¿______________ algo especial para tu cumpleaños?
3. Laura les ______________ un vestido nuevo a sus papás para su cumpleaños.
4. Durante su fiesta, Laura ______________ los refrescos.
5. Laura, ¿me serviste Coca-Cola® o me ______________ Pepsi® para beber?
6. Nosotros ______________ el juego de romper la piñata porque no la rompimos.
7. ______________ el juego de romper la piñata, y Laura la rompió.
8. Laura, ¿vas a ______________ la fiesta para el próximo año? ¡Fue muy bonita!

Paso 2

Read each statement and decide whether it is *cierto* or *falso* based on Paso 1.

cierto/falso 1. Laura les pidió un regalo a sus papás para su cumpleaños.

cierto/falso 2. Una amiga de Laura le pidió un regalo especial para su cumpleaños.

cierto/falso 3. Todos sirvieron a Laura porque fue su cumpleaños.

cierto/falso 4. Alguién le preguntó a Laura cuál de los dos refrescos le sirvió.

cierto/falso 5. Todos rompieron la piñata.

cierto/falso 6. Laura ganó el juego de romper la piñata la primera vez.

Nombre ________________________________

Ejercicio 5-23

Luis and María's classmates discuss their favorite hobbies and pastimes. Match each present-tense numbered sentence describing a classmate's hobby or interest with the related past-tense sentence. Then fill in the blank with the correct form of the verb underlined in the first sentence.

A. Los dos ______________ mucho ayer jugando el juego de Super Mario®.

B. La semana pasada el agua fría no les impidió participar. ______________ en el evento y ganaron el primer lugar en los regionales.

C. El sábado pasado ella ______________ ir con su mejor amiga a comer en el centro comercial.

D. Durante las vacaciones ella ______________ la *equitación*[1] sobre los videojuegos porque le encanta estar al aire libre.

E. Ayer los muchachos ______________ de uniforme antes del entrenamiento.

F. Él les ______________ un saco de dormir el otoño pasado porque hace frío en las montañas.

_____ 1. El equipo de fútbol de Diego y de Carlos se viste de rojo y negro.

_____ 2. Serena y Natalia están compitiendo para ganar el campeonato de natación del estado.

_____ 3. Martín pide a sus papás una tienda de acampar nueva para llevar cuando va a acampar.

_____ 4. Laura prefiere montar a caballo en lugar de estar en casa todo el día.

_____ 5. Josué y Javier se divierten mucho jugando a los videojuegos por internet.

_____ 6. Maya casi siempre elige ir de compras al centro comercial con sus amigas.

[1] horseback riding

Ejercicio 5-24

Paso 1

Answer the following questions about your own hobbies, interests, or pastimes. Use complete sentences.

1. ¿Qué deporte prefieres?

   ____

2. ¿Te diviertes mucho con tu hobby o pasatiempo?

   ____

3. ¿Qué hobby o pasatiempo sugieres a tus amigos?

   ____

4. ¿Compites en algún deporte u otra competencia? ¿En qué compites?

   ____

5. ¿Qué clase de regalos pides para tus pasatiempos cuando es tu cumpleaños o cuando es la Navidad?

   ____

Paso 2

Answer the following questions about your hobbies or interests in the past year.

1. ¿Competiste en algún deporte el año pasado?

   ____

2. ¿Qúe pediste a tus papás para tu cumpleaños o para la Navidad?

   ____

3. ¿Te divertiste mucho en la fiesta de tu cumpleaños?

   ____

4. ¿Qué regalo eligieron tus papás para ti en la Navidad?

   ____

5. ¿Qué preferiste para tu cumpleaños, el dinero o los regalos?

   ____

Communication			
I can describe some of my hobbies and interests.			

Nombre ______________________________

LOS LIBROS Y LA LECTURA

Pretérito de verbos irregulares: El grupo *Y*

Ejercicio 5-25

Match the related sentences.

A. Leo la Biblia todos los días.
B. Todos se ponen de pie para la lectura de la Biblia.
C. Marcos lee el libro de texto de historia cada día.
D. Es fácil caerse patinando sobre hielo.
E. Siempre oye su programa favorito después de la cena.
F. No descansan bien porque se oye mucho ruido fuera de la casa.

_____ 1. El profesor les pregunta si todos leyeron la tarea.
_____ 2. Leí el Salmo 23 esta mañana.
_____ 3. El pastor leyó en voz alta el pasaje para el sermón.
_____ 4. Edgar oyó todas las noticias.
_____ 5. Oyeron un tren a las dos de la madrugada.
_____ 6. El niño se cayó después de dos minutos.

Ejercicio 5-26

Paso 1

Listen to the following sentences about José and his friends. Complete each sentence with the verb you hear.

1. José le preguntó a Marcos si ______________ un ruido fuerte.
2. Ni Marcos ni sus amigos ______________ nada.
3. Al próximo día José ______________ en las noticias de una explosión en una gasolinera.
4. Cuando José les explicó a sus amigos lo que pasó, ______________ que fue un accidente terrible.
5. Después, José y sus amigos ______________ unos cohetes para la clase de física.
6. Todos los jóvenes ______________ al proyecto para la clase.
7. Ni José ni sus amigos ______________ el manual de instrucciones para armar los cohetes.
8. Por fin, el día llegó para encender los cohetes. En lugar de volar hacia arriba, el cohete de José ______________ detrás de una casa.
9. Antes de que José y sus amigos llegaran para recoger el cohete, el perro de la casa lo encontró y lo ______________ completamente.

Paso 2

Read each statement and decide whether it is *cierto* or *falso* based on the story in Paso 1.

cierto/falso 1. José oyó un ruido fuerte.

cierto/falso 2. Marcos y todos sus amigos oyeron ese mismo ruido.

cierto/falso 3. A José le gusta leer las noticias en el periódico.

cierto/falso 4. José y sus amigos decidieron que algo terrible pasó en la gasolinera.

cierto/falso 5. Los muchachos de la clase de física construyeron puentes de madera.

cierto/falso 6. El 95% de los jovenes participaron en el proyecto.

cierto/falso 7. José y sus amigos no leyeron las instrucciones.

Ejercicio 5-27

Answer each question with a complete sentence.

1. ¿Te caíste alguna vez patinando sobre hielo?

____

2. ¿Leíste las noticias en el periódico recientemente?

____

3. ¿Leyeron la Biblia en tu iglesia el domingo pasado?

____

4. ¿De qué libro de la Biblia leyeron en tu iglesia?

____

5. ¿Oíste los pájaros cantando cuando te levantaste esta mañana?

____

6. En el último *simulacro de incendio*[1] de la escuela, ¿oyeron las alarmas cuando sonaron?

____

7. ¿Oiste tu *despertador*[2] cuando sonó esta mañana?

____

[1] fire drill
[2] alarm clock

Nombre ______________________________

CONEXIONES CULTURALES CON EL PASADO

Los incas y la piedra labrada

Ejercicio 5-28

Read the *Conexiones culturales* feature on pages 158–59 of your textbook, then determine whether each statement is *cierto* or *falso*.

cierto/falso 1. Francisco Pizzaro fue acompañado por su hermano Pedro cuando llegó al Cusco.

cierto/falso 2. Los españoles quitaron todas las piedras de Sacsayhuamán para construir otros edificios.

cierto/falso 3. Los incas usaron un mortero especial para unir las piedras de Sacsayhuamán.

cierto/falso 4. Los incas copiaron muchos estilos de los conquistadores en sus edificios.

cierto/falso 5. Vilcabamba fue la última ciudad de los emperadores incas.

cierto/falso 6. Hiram Bingham pensó que encontró la ciudad perdida de los incas.

cierto/falso 7. Machu Picchu fue construida como un retiro real por el emperador inca Pachacuti.

cierto/falso 8. Machu Picchu es tan elevado en los Andes que casi nunca llueve.

cierto/falso 9. Los incas construyeron una gran cantidad de andenes para evitar deslizamientos de tierra.

cierto/falso 10. Machu Picchu está entre dos fallas geológicas.

cierto/falso 11. Los incas usaron una variedad de métodos en sus construcciones para resistir los temblores.

cierto/falso 12. Los españoles encontraron Machu Picchu intacto y con mucha vegetación.

Culture			
I can describe the quality of stonework in Inca structures.			

Nombre ______________________________

Diálogo 6-1: La cena de Nochebuena

Ejercicio 6-1

Read and listen to Diálogo 6-1 (pages 168–69 in your textbook). Then write the phrases from the dialog that mean the following.

______________________ 1. How are you?

______________________ 2. a little while ago

______________________ 3. to be with family

______________________ 4. It's not a big deal.

______________________ 5. to spend New Year's Day

______________________ 6. the same we had

______________________ 7. brings me memories

______________________ 8. special meeting

______________________ 9. See you!

______________________ 10. I am starving!

______________________ 11. They look very beautiful.

______________________ 12. to give me a hand

Ejercicio 6-2

Match each definition with the correct word from Diálogo 6-1.

______________ 1. small period of time

______________ 2. type of medicine to fight infections

______________ 3. injected straight into the veins

______________ 4. domesticated bird used for food

______________ 5. food that has been processed into a thick pulp

______________ 6. decorated

______________ 7. nativity scene

______________ 8. Christmas Eve

______________ 9. tree branches

______________ 10. New Year's Eve

______________ 11. leaves

______________ 12. garden

adornado
antibióticos
hojas
intravenosa
jardín
nacimiento
Nochebuena
Nochevieja
pavo
puré
ramas
rato

Ejercicio 6-3

Read and listen to Diálogo 6-1 again. Then answer the following questions in English, using complete sentences.

1. Why is María shopping in the market?

2. Why could María's grandmother not come to spend Christmas with them?

3. How is María's grandmother doing?

4. How do María and her family feel about her grandmother not being there?

5. When will her grandmother be with them?

6. What is María's family having for Christmas dinner?

7. What Christmas decoration did María's family set up?

8. When are María and Luis going to see each other again?

9. Who helped María's mother decorate for Christmas?

10. What did María's father use to decorate the nativity scene?

Interpretive reading and listening			
I can understand María and Luis's conversation about family holiday preparations.			

Nombre ________________________________

¿QUÉ VAS A HACER EN NAVIDAD?

Los pretéritos irregulares: El grupo *U*
Los verbos *andar, estar* y *tener*

Ejercicio 6-4

Look at the pictures of the Martínez family's Christmas. Match each sentence with the correct picture.

_____ 1. La Sra. Martínez estuvo enferma en el hospital unos días antes de Navidad.

_____ 2. Después de salir del hospital, los Martínez anduvieron de compras de Navidad.

_____ 3. El Sr. Martínez decoró la fachada de la casa.

_____ 4. Los hijos de los Martínez pusieron un nacimiento en la sala.

_____ 5. La Sra. Martínez preparó mucha comida para la Nochevieja.

_____ 6. Los Martínez cenaron pavo.

Ejercicio 6-5

Indicate whether each sentence is in the present or the past tense.

_______________ 1. Los Martínez tienen mucha familia.

_______________ 2. Los hijos de los Martínez tuvieron muchos regalos de Navidad.

_______________ 3. La Sra. Martínez estuvo enferma en el hospital.

_______________ 4. El Sr. Martínez anda de compras para la cena de Navidad.

_______________ 5. Este año, los Martínez están en Perú durante las Navidades.

_______________ 6. Hace dos años, los Martínez estuvieron en México durante las Navidades.

Ejercicio 6-6

Mrs. and Mr. Martínez are discussing the Christmas preparations. Complete each sentence with the correct verb. Then match each of Mrs. Martínez's questions to Mr. Martínez's response.

Mr. Martínez:

A. Sí, _______________ (estuvieron/fui), pero lo compré en el supermercado.

B. Yo creo que sí. Solamente somos cuatro, y los niños no _______________ (comen/hay) mucho.

C. _______________ (Tuve/Anduve) por todo el centro comercial. ¿Por qué me lo preguntas?

D. Los niños lo _______________ (estuvieron/pusieron) en la sala hace un rato, y la decoraron.

E. ¿La tienda donde _______________ (tuvimos/fuimos) que esperar dos horas? ¡Sí, claro!

F. No, _______________ (fui/tuve) que ir al banco y sacar más dinero.

Mrs. Martínez:

_____ 1. Amor, ¿recuerdas la tienda donde _______________ (estuvimos/tuvimos) el jueves?

_____ 2. ¿A qué tiendas _______________ (tuviste/fuiste)?

_____ 3. ¿_______________ (Estuviste/Fuiste) a la carnicería para comprar el pavo?

_____ 4. ¿_______________ (Tuve/Tuviste) suficiente dinero para comprar los regalos de los niños?

_____ 5. ¿Crees que _______________ (hay/estuvimos) comida suficiente para todos?

_____ 6. Recuerda que no terminé de poner el nacimiento porque _______________ (tuvimos/estuve) enferma.

Nombre ______________________________

El pretérito del verbo *hay*: La forma *hubo*

Ejercicio 6-7

Paso 1

Determine whether each of the following statements is *lógico* or *ilógico*.

lógico/ilógico 1. No hubo regalos para los niños en Navidad.

lógico/ilógico 2. Estas Navidades hubo muchos regalos bajo el árbol de Navidad.

lógico/ilógico 3. Estas Navidades hubo mucha nieve y estuvo muy frío en el norte.

lógico/ilógico 4. El año pasado no hubo celebraciones de Navidad.

Paso 2

Determine whether each of the following statements was *cierto* or *falso* for you last Christmas.

cierto/falso 1. No hubo una celebración de Navidad en mi iglesia.

cierto/falso 2. En mi casa no hubo árbol de Navidad, pero hubo un nacimiento.

cierto/falso 3. No hubo vacaciones de Navidad en mi escuela.

cierto/falso 4. Hubo mucha gente para la cena de Navidad en mi casa.

cierto/falso 5. En la cena de Navidad en mi casa hubo mucha comida.

Ejercicio 6-8

Paso 1

Choose the correct verb forms to complete Mario's account of his Christmas vacation in the Pyrenees.

El año pasado, mi familia y yo ____________ (estuvimos/hubo/tuvimos) de vacaciones navideñas en los Pirineos, entre Francia y España. Como ____________ (estuvimos/hubo/tuvimos) mucha nieve, ____________ (estudié/viajé/tomé) lecciones de esquí y ____________ (aprendí/estudié/hablé) a esquiar. ¡____________ (Visité/Canté/Fue) muy divertido!

Un día, ____________ (estuvimos/hubo/anduvimos) de compras en Andorra, un país independiente muy pequeño de los Pirineos. Allí no pagas *impuestos*[1] cuando compras ropa o comida. También ____________ (tuve/estuve/hubo) en Francia y mis padres ____________ (tuvieron/hubo/estuvieron) en Barcelona. Yo no ____________ (fui/estuve/caminé) a Barcelona porque no ____________ (tuvo/hubo/anduvo) tiempo para visitar todos los lugares bonitos de esa parte de Europa, pero ____________ (caminé/anduve/fui) a Perpignan y ____________ (hablé/cociné/caminé) en francés un poco.

Paso 2

Decide whether each statement is *cierto* or *falso* based on the paragraph in Paso 1. You may need to infer some of the answers from the information that is explicity stated in the paragraph.

cierto/falso 1. Mario y su familia no fueron de vacaciones de Navidad.

cierto/falso 2. En los Pirineos, ofrecieron clases de esquí.

cierto/falso 3. Mario aprendió a esquiar porque hubo mucha nieve.

cierto/falso 4. Andorra es una región de España.

cierto/falso 5. Mario y su familia pagaron impuestos en Andorra.

cierto/falso 6. Los padres de Mario estuvieron en España.

cierto/falso 7. Mario y su familia visitaron todos los lugares juntos porque hubo tiempo suficiente.

[1] taxes

Nombre ______________________________

Los verbos *poder, poner, saber* y *caber*

Ejercicio 6-9

Complete each statement with the appropriate reason.

A. porque mi mamá estuvo ocupada en la cocina
B. porque no supe toda la música del himno
C. porque no cupimos todos en un solo carro
D. porque estuvo enferma
E. porque le gusta mucho decorar en Navidad
F. porque hubo una tormenta

_____ 1. No pude ir a casa de mi abuela por Navidad ____.

_____ 2. Fui al servicio de fin de año, pero no pude llegar a la iglesia ____.

_____ 3. Puse la mesa en Navidad ____.

_____ 4. Mi papá puso el nacimiento y un árbol de Navidad ____.

_____ 5. El domingo canté un especial en la iglesia, pero no pude acabarlo ____.

_____ 6. Tuvimos que ir al servicio especial de Navidad en dos carros ____.

Ejercicio 6-10

Listen to the questions and answer each one with *sí* or *no*.

1. sí/no
2. sí/no
3. sí/no
4. sí/no
5. sí/no
6. sí/no

Ejercicio 6-11

Paso 1

Susana is a high school senior who loves writing for her blog about shopping and other subjects. Listen to Susana's blog post and complete the story with the verbs you hear.

¡Hola a todos!

Esta semana quiero hablarles de qué regalos de Navidad comprar para la familia y cómo organizar las compras. Tengo una familia muy grande, y hoy estoy muy contenta porque ayer ______________ de compras y ______________ encontrar regalos para toda mi familia.

Les quiero explicar cómo ______________ la tarea. Primero, ______________ con papel y lápiz para hacer una lista de las personas a las que quiero hacer un regalo. Después las ______________ por edades: adultos, adolescentes y niños. Luego, también ______________ considerar si eran varón o mujer—las mujeres tienen gustos muy diferentes a los hombres, y las niñas quieren juguetes muy diferentes a los niños. Así que ______________ seis columnas (una por cada edad y sexo) en la hoja de papel y ______________ los nombres de cada miembro de mi familia en la columna apropiada. Luego ______________ otra lista en la que ______________ los tipos de regalos apropiados por edad y sexo. Es ese momento ______________ exáctamente qué regalos comprar para cada miembro de mi familia y ______________ planear mis compras.

De esta manera, no ______________ tiempo perdido, no ______________ durante horas pensando en qué comprar, y tampoco ______________ más de lo planeado. El único problema que ______________ es que los regalos no ______________ en el maletero de mi carrito y ______________ pedir ayuda a mi hermana. Mi hermana tiene un carro más grande, así que los regalos más grandes ______________ perfectamente en su carro, y yo ______________ los más pequeños.

¡Así que ahí lo tienen! El secreto para tener una buena experiencia en las compras de Navidad es organizarse muy bien.

Un saludo a todos y ¡feliz Navidad!

Susana

 Nombre ______________________

Paso 2

Read each statement and decide whether it is *cierto* or *falso* based on Paso 1. You may need to infer some of the answers from the information that is explicitly stated in Paso 1.

cierto/falso 1. Susana no pudo encontrar regalos para toda su familia.

cierto/falso 2. Susana tuvo que separar a su familia por edad y sexo para organizar las compras.

cierto/falso 3. Susana puso a cada miembro de su familia en una columna por edad y sexo.

cierto/falso 4. Después de completar su lista, Susana no supo qué comprar.

cierto/falso 5. Los regalos no cupieron en el carro de Susana.

cierto/falso 6. Susana puso los regalos más grandes en el carro de su hermana.

cierto/falso 7. No hubo espacio suficiente para todos los regalos entre los dos carros.

Paso 3

Think of the last time you went Christmas shopping and answer the following questions regarding your shopping experience. Use complete sentences.

1. ¿Compraste regalos para toda tu familia o sólo para algunos?

____

2. ¿*Planeaste*[1] la compra antes de comprar los regalos?

____

3. ¿Por dónde anduviste de compras?

____

4. ¿Estuviste mucho tiempo comprando en las tiendas?

____

5. ¿Pudiste encontrar todos los regalos en tu lista?

____

6. ¿Hubo algún regalo que no pudiste comprar porque *era*[2] demasiado caro?

____

[1] from *planear*, "to plan"
[2] it was

Ejercicio 6-12

Read the *nota de lengua* on page 177 of your textbook, then write a paragraph about your favorite Christmas hymn. Use the following cues to help you gather the information you need.

- ¿Cuál es tu himno favorito?
- ¿Quién compuso la música?
- ¿Quién escribió la letra del himno?
- ¿En qué año se compuso el himno?

Nombre ______________________________

Los pretéritos irregulares: El grupo *I*.
Los verbos *venir, hacer* y *querer*

Ejercicio 6-13

Paso 1

Alejandro and Miguel are talking about why their friend Lucas is not coming to play soccer with them. Complete each sentence with the correct verb. Then match each of Alejandro's questions or statements with the most appropriate response from Miguel.

Miguel:

A. Hizo muchas tareas y luego estuvo de compras con sus padres todo el día.
B. Sí, es una pena. A lo mejor viene a jugar más tarde.
C. No quiso venir.
D. Porque se siente muy cansado.
E. Sí, yo también lo espero.

Alejandro:

_____ 1. ¿Por qué no ______________ (hizo/tuvo/vino) Lucas?

_____ 2. ¿Por qué?

_____ 3. ¿Qué______________ (hizo/quiso/vino)?

_____ 4. ¡Es una lástima! ______________ (Quisieron/Tuvieron/Vinieron) todos los chicos para ir a jugar al fútbol.

_____ 5. ¡Eso espero! Ayer ______________ (quise/vine/hice) llamarlo por teléfono, pero no ______________ (hice/quise/tuve) tiempo.

Capítulo 6: Las Navidades en familia

6

Paso 2

The next day, Alejandro and Lucas talk about what happened the day before. Choose the correct verbs to complete their conversation.

Alejandro: ¿Cómo estás? ______________ (Quise/Tuve/Pude) llamarte pero no ______________ (quise/tuve/vine) tiempo.

Lucas: Yo también ______________ (quise/puve/vine) llamarte por teléfono, pero tampoco ______________ (quise/tuve/pude).

Alejandro: Los chicos ______________ (quisieron/tuvieron/vinieron) y tuvimos un partido de fútbol. La pasamos muy bien.

Lucas: ¡Me lo imagino! ______________ (Vine/Hice/Quise) todas las tareas de la escuela para poder jugar al fútbol, pero mis padres ______________ (quisieron/tuvieron/vinieron) ir de compras de Navidad. ______________ (Vinimos/Quisimos/Hicimos) tantas compras que pasamos el día en el centro de tienda en tienda.

Alejandro: ¡Claro! Entonces no ______________ (tuviste/pudiste/viniste) tiempo de venir.

Lucas: ______________ (Quisiste/Quise/Quisieron) ir a jugar, pero mis papás y yo ______________ (vinieron/viniste/vinimos) del centro muy tarde.

Alejandro: No pasa nada. La semana próxima vamos a jugar otro partido.

Lucas: Está bien. La semana que viene estoy libre.

Paso 3

Read each statement and decide whether it is *cierto* or *falso* based on Paso 2.

cierto/falso 1. Alejandro tuvo tiempo para llamar a Lucas, pero no quiso.

cierto/falso 2. Lucas quiso llamar a Alejandro, pero no pudo.

cierto/falso 3. Los amigos de Alejandro y Lucas vinieron para jugar al fútbol.

cierto/falso 4. Lucas no hizo todas las tareas de la escuela. Sólo hizo unas pocas.

cierto/falso 5. Los papás de Lucas quisieron ir de compras de Navidad con él.

cierto/falso 6. Lucas tuvo tiempo suficiente para jugar porque vino del centro temprano.

cierto/falso 7. Los chicos planean jugar al fútbol otra vez la semana que viene.

Communication			
I can describe my family's Christmas plans and experiences.			

Nombre ________________________________

"NOCHE DE PAZ, NOCHE DE AMOR"

Expresando emociones

Ejercicio 6-14

Paso 1

Complete each sentence by writing the emotion the person is feeling.

alegría	frustración	preocupación	tranquilidad
enfado	ilusión	sorpresa	tristeza

1. La persona que está preocupada siente ______________.
2. La persona que está triste siente ______________.
3. La persona que está ilusionada siente ______________.
4. La persona que está contenta siente ______________.
5. La persona que está sorprendida siente ______________.
6. La persona que está frustrada siente ______________.
7. La persona que está enfadada siente ______________.
8. La persona que está tranquila siente ______________.

Paso 2

Match each statement with the sentence describing the person's emotions. Some answers will be used more than once.

_____ 1. ¡Hola! ¡Cuánto tiempo hace que no te veo!

_____ 2. ¡Qué noticia tan horrible! No puedo *parar de*[1] llorar.

_____ 3. ¡No lo entiendo! Hice el examen, contesté todas las preguntas, y no lo pasé.

_____ 4. ¡Voy a comprar un carro nuevo la semana que viene! ¡Tengo tantas ganas de tener un carro nuevo!

_____ 5. ¡No sé por qué me habló así! Yo no hice nada malo.

_____ 6. ¡Hace dos horas que salió y todavía no regresó; tampoco me contesta el teléfono!

_____ 7. ¡No pasa nada! Marta tarda porque hay mucho tráfico.

_____ 8. ¡No me lo creo! ¿Cómo llegaste hasta aquí solo?

A. Esta persona está preocupada.
B. Esta persona está triste.
C. Esta persona está contenta.
D. Esta persona está sorprendida.
E. Esta persona está enfadada.
F. Esta persona está tranquila.

[1] stop

Paso 3

Match each situation with the best response. There may be more than one possible response.

A. ¡Cuánto tiempo! ¿Cómo estás?
B. ¡Qué bueno verle de nuevo en nuestra iglesia!
C. Me alegro de su recuperación. ¿Cómo está usted?
D. ¡Cuánto lo siento!
E. ¡Qué bendición!
F. ¡Lo siento mucho!

_____ 1. Your classmate's grandfather passed away, and you are at his funeral.

_____ 2. You are shopping at the mall, and you run into a friend you have not seen in two months.

_____ 3. You are at church, and a visitor wishes to become a Christian in response to the gospel message.

_____ 4. You are at church, and you greet a visiting missionary you have not seen in several years.

_____ 5. Your friend tells you her father has an incurable illness.

_____ 6. Your next-door neighbor Mr. Martínez just had surgery, and everything went well for him.

Communication			
I can describe my emotions and other people's emotions.			

Nombre ______________________________

CONEXIONES CULTURALES CON EL PRESENTE

El Día de los Reyes Magos

Ejercicio 6-15

Read the *Conexiones culturales* feature on pages 182–83 of your textbook, then determine whether each statement about *los reyes magos* is *cierto* or *falso*.

cierto/falso 1. *El Día de los Reyes Magos* is a tradition based on the account of the wise men in Matthew 2.

cierto/falso 2. This tradition has been observed by Christians since the beginning of the twentieth century.

cierto/falso 3. The word *mago* means "magician," but it can also refer to wise men of science and learning.

cierto/falso 4. The wise men had an understanding of the times based on Scriptures.

cierto/falso 5. Spanish-speaking countries celebrate *El Día de los Reyes Magos* the day after Christmas.

cierto/falso 6. The traditional three kings were given names back in the sixth century.

cierto/falso 7. The *Cabalgata de Reyes* is a parade with horses, donkeys, camels, or coaches.

cierto/falso 8. The first *Cabalgata* was celebrated in Spain.

cierto/falso 9. Receiving *un carbón* signifies that the child has been good throughout the year.

cierto/falso 10. Toys and presents are not associated with *los reyes magos* in Spanish-speaking countries.

cierto/falso 11. Children leave their shoes by the door on the evening of January 5.

cierto/falso 12. Eating a *roscón de reyes* is a tradition imported from the United States.

Culture			
I can describe the Three Kings' Day tradition.			

Nombre ______________________

Diálogo 6-2: El fin del año

Ejercicio 6-16

Paso 1

Read and listen to Diálogo 6-2 (pages 184–85 in your textbook). Then for each word or phrase below, write the word or expression from the dialog that has the same meaning.

______________________ 1. to stay home

______________________ 2. to take care of

______________________ 3. midnight

______________________ 4. fireworks

______________________ 5. I am looking forward to

______________________ 6. to thank the Lord

______________________ 7. I grew a lot spiritually.

______________________ 8. I made new friends.

______________________ 9. to jump from fright

______________________ 10. mischievous

______________________ 11. rocket

______________________ 12. firecrackers

______________________ 13. flares

Paso 2

Match each definition with the correct word or expression from Diálogo 6-2.

ayudar	dar testimonios	luces	siento que
cuidar	himnos	orar	sube muy alto

______________________ 1. asistir a alguien

______________________ 2. música para cantar en los cultos

______________________ 3. hablar con Dios

______________________ 4. hablar de experiencias personales

______________________ 5. proteger de una situación difícil o peligrosa

______________________ 6. en mi opinión

______________________ 7. llegar a mucha altura

______________________ 8. iluminación

Ejercicio 6-17

Read and listen to Diálogo 6-2 again, then answer the following questions in English.

1. Where is María's grandmother now?
2. Why did María's dad not go to the New Year's Eve meeting at church?
3. What did the pastor schedule until 11:00 p.m.?
4. What did the pastor plan for everyone to do after 11:00 p.m.?
5. What does María hope they will do during the service?
6. What will everyone do before the young people go to see fireworks?
7. Which fireworks did María bring?
8. Did Luis bring fireworks?
9. What about the other boys? Did they bring any fireworks?
10. What is María thankful for?
11. How does Luis feel about the past year? What three things does he mention?
12. Why does María tell Luis that he is "bad"?

Interpretive reading and listening			
I can explain the New Year's Eve activities in María and Luis's church.			

Nombre ____________________

LA NOCHEVIEJA

Los pretéritos irregulares: El grupo *J*
Los verbos *decir, traer y conducir*

Ejercicio 6-18

Paso 1

Ángel was out sick for a week and is trying to find out what the teacher wants to cover before Christmas break. Complete the conversation between Ángel and Carmen by choosing the correct verbs. Then match each of Carmen's questions or statements with the most appropriate response from Ángel.

Ángel:

A. Está bien. Si trabajamos duro, podemos acabar la unidad dos antes de las Navidades.
B. ¿La unidad dos? Los muchachos no me ______________ (estuvieron/dijeron/trajeron) nada.
C. ______________ (Contraje/Traje/Tuve) un virus y ______________ (dijo/estuve/tuve) enfermo toda la semana.
D. Estoy bastante mejor, pero no estoy recuperado totalmente.
E. Sí, ______________ (estuve/traje/tuve) más de treinta y ocho grados durante varios días.
F. Sí, ______________ (contraje/traje/tuve) las tareas de la unidad uno.

Carmen:

_____ 1. ¡Hola, Ángel! ¿Dónde ______________ (estuviste/trajiste/tuviste)? ¿Qué te pasó?
_____ 2. ¿Y ______________ (estuviste/trajiste/tuviste) fiebre?
_____ 3. ¿Cómo te sientes ahora?
_____ 4. ¿______________ (Estuviste/Trajiste/Tuviste) las tareas de inglés para hoy?
_____ 5. *Por cierto*[1], tenemos que acabar la unidad dos antes de las Navidades.
_____ 6. La profesora nos ______________ (dijo/trajo/tuvo) que estamos *atrasados*[2] en las lecciones.

[1] by the way
[2] behind schedule

6

Paso 2

Based on the conversation in Paso 1, indicate whether each statement is *cierto* or *falso*.

cierto/falso 1. Ángel volvió a clase la semana pasada.

cierto/falso 2. Ángel no vino a clase porque contrajo un virus.

cierto/falso 3. Ángel no tuvo fiebre.

cierto/falso 4. Ángel se siente mejor y ya está totalmente recuperado.

cierto/falso 5. Los muchachos no le dijeron a Ángel que tienen que acabar la unidad dos antes de Navidad.

cierto/falso 6. Los estudiantes no están atrasados en las lecciones.

cierto/falso 7. Ángel trajo las tareas de inglés para la clase de hoy.

Ejercicio 6-19

Paso 1

Alberto's dad is an electrical engineer and drives all over Peru for his job. Listen to the story and fill in the blanks with the verbs you hear.

Mi papá ______________ en carro por todo el Perú porque es ingeniero eléctrico. A veces está fuera de casa durante una semana. La semana pasada, mi papá ______________ durante dos días desde el Cusco hasta Lima porque el Cusco está a 1.100 kilómetros de Lima.

Me gusta cuando mi papá viaja porque siempre nos ______________ regalos cuando está fuera de casa durante varios días. Esta vez, nos ______________ regalos a mis hermanos y a mí. Por supuesto, también le ______________ un regalo a mi mamá. A ella le gustan mucho las flores y los *adornos*[1] para la casa.

Una vez, mi papá ______________ que viajar hasta Puno y ______________ llevar a toda la familia para pasar unos días allá. Puno está en el *lago*[2] Titicaca, el lago *navegable*[3] más alto del mundo. En Puno, mucha gente habla quechua, y mi mamá nos ______________ todo el tiempo porque mi mamá sabe quechua. Nos encantó el viaje, pero ______________ durante veinticuatro horas. Bueno, yo no ______________ el carro; mi papá ______________ el carro. Mi mamá tiene licencia de conducir, pero le da miedo ______________ en las montañas. Cuando hacemos viajes tan largos, paramos en hoteles por la noche y al día siguiente continuamos el viaje.

[1] decorations, ornaments
[2] lake
[3] navigable

Nombre ____________________

Paso 2

Answer each question based on Alberto's story in Paso 1. Use complete sentences.

1. ¿En qué trabaja el padre de Alberto?

   ____

2. ¿Cuánto tiempo condujo el padre de Alberto la semana pasada?

   ____

3. ¿Qué les trajo el padre de Alberto a él y a sus hermanos?

   ____

4. ¿Qué hizo la mamá de Alberto en Puno?

   ____

5. ¿Cuántas horas condujeron Alberto y su familia de Puno a casa?

   ____

6. ¿Por qué no conduce la mamá de Alberto?

   ____

Ejercicio 6-20

Paso 1

Pastor Martínez wrote the following article about Christmas for a Christian magazine in Peru. Choose the correct verb forms to complete the article.

Durante las fiestas navideñas pensamos más en el significado de la Navidad. Ayer, durante mi tiempo de estudio de las Escrituras, ______________ (leí/leyó/leímos) en el evangelio de Lucas la historia de la noche cuando Cristo ______________ (nací/nació/naciste). Es muy interesante considerar que un ángel ______________ (traje/trajimos/trajo) las noticias del nacimiento de Cristo primero a un grupo de pastores, y no a los fariseos, a los saduceos o a Herodes. También otro ángel ______________ (traje/trajiste/trajo) el anuncio a María, la madre de Jesús, un año antes.

Dios ______________ (bendijiste/bendijo/bendije) a estas personas con el privilegio de recibir noticias directamente de Dios a través de ángeles. Dios ______________ (predije/predijo/predijiste) el nacimiento de Cristo muchos siglos antes, y cuando llegó el momento, ______________ (introdujiste/introdujeron/introdujo) la esperanza en el mundo a través de Cristo. El pecado ______________ (introdujo/introdujimos/introduje) la muerte, pero el Hijo de Dios, el Cordero que quita el pecado del mundo, nos ______________ (traje/trajo/trajiste) la vida eterna.

Capítulo 6: Las Navidades en familia

6

Paso 2

Answer the following questions based on the article in Paso 1. Use complete sentences.

1. ¿Quién trajo el anuncio del nacimiento de Cristo a los pastores?

____

2. *Según*[1] Lucas 1:26, ¿cómo se llama el ángel que trajo el anuncio de su *embarazo*[2] a María?

____

3. ¿Qué predijo Dios muchos años antes?

____

4. ¿Qué introdujo en el mundo el pecado?

____

5. ¿Qué introdujo en el mundo Cristo?

____

Communication			
I can describe end-of-the-year celebrations in the past.			

[1] according to
[2] pregnancy

Nombre ______________________________

¿PARA QUIÉN ES EL REGALO?

Los pronombres de objeto indirecto

Ejercicio 6-21

Paso 1

Read Carlos's story about Christmas gifts. Complete the sentences with the correct indirect object pronouns.

me	te	le	nos	les

Todos los años, a mis hermanos y a mí _______ traen regalos por Navidad. A veces, _______ traen algo que quiero, y otras veces, _______ traen algo que no me gusta—como ropa o libros. Los regalos que menos me gustan son los que tengo que *compartir*[1]. Por ejemplo, hace dos años, mis padres _______ regalaron a mis hermanos y a mí una consola de juegos. Y ahora, (según mi madre) tenemos que "aprender a compartir." Como mis hermanos son más pequeños, mis papás no _______ permiten pasar demasiado tiempo jugando videojuegos. Lo chistoso es que mis hermanos son muy competitivos, así que a ellos _______ gusta jugar a carreras de carros juntos, pero los juegos que a mí _______ gustan son los juegos de estrategia. Pero este año estoy jugando menos con los videojuegos porque a mi amigo Jorge _______ regalaron una bicicleta de montaña y salimos todas las tardes en bicicleta. A los dos _______ gusta mucho ir en bicicleta por la montaña. Cuando _______ regalaron la bicicleta, _______ llamó por teléfono y _______ dijo, "¡_______ invito a ir a la montaña en bicicleta!" Al principio, no _______ creí y le dije, "_______ estás *burlando*[2] de mí. ¡Tú no tienes una bicicleta!" Y me dijo, "Antes no, ¡pero ahora tengo una *nuevecita de paquete*[3]!"

[1] to share
[2] from *burlarse*; to mock, to make fun of
[3] brand new

Capítulo 6: Las Navidades en familia

6

Paso 2

Based on the story in Paso 1, indicate whether each sentence is *cierto* or *falso*.

cierto/falso 1. A Carlos y a sus hermanos les traen regalos de Navidad todos los años.

cierto/falso 2. A Carlos siempre le gustan los regalos que le traen en Navidad.

cierto/falso 3. La mamá de Carlos no permite usar la consola a los hermanitos de Carlos.

cierto/falso 4. Los hermanitos de Carlos son muy competitivos.

cierto/falso 5. Carlos prefiere jugar juegos de video con otros.

cierto/falso 6. A Jorge y a Carlos les gusta mucho ir en bicicleta.

cierto/falso 7. A Jorge le regalaron una bicicleta vieja y *usada*[1].

cierto/falso 8. Ahora, Carlos no juega con videojuegos tanto como antes.

I can talk about giving gifts to others at Christmas.

[1] used

Nombre ______________________________

CONEXIONES CULTURALES CON EL PASADO

Los incas y la adoración al sol

Ejercicio 6-22

Paso 1

Read the *Conexiones culturales* feature on pages 192–93 of your textbook, then determine whether each statement about the Inca people and their culture is *cierto* or *falso*.

cierto/falso 1. The Inca considered the sun to be a god.

cierto/falso 2. The Inca believed in a god that created the sun.

cierto/falso 3. Inca rulers believed they were descendants of the sun.

cierto/falso 4. The Inca rulers thought they were just common people.

cierto/falso 5. The moon was the sister of the sun, according to the Inca.

cierto/falso 6. The most sacred Inca temple was in Machu Picchu.

cierto/falso 7. The Inca mummified their rulers.

cierto/falso 8. The *Inti Raymi* is a moon festival.

cierto/falso 9. *Chicha* was a tortilla made of corn flour.

cierto/falso 10. The Inca sacrificed children in some of their celebrations.

Paso 2

Match each definition with the correct term.

_____ 1. the only emperor

_____ 2. the sun god

_____ 3. the sister bride of the sun

_____ 4. the sun festival

_____ 5. temple complex in Cusco

_____ 6. fermented corn drink

A. Inti Raymi
B. chicha
C. Sapa Inca
D. Coricancha
E. Inti
F. the moon

Culture			
I can describe Inca traditions and beliefs about the sun.			

 Nombre ________________________

Diálogo 7-1: En la sala de urgencias

Ejercicio 7-1

Read the Spanish sentences below. Then read and listen to Diálogo 7-1 (pages 204–5 in your textbook). Fill in each blank with the missing word from the dialog, then match each sentence with its English translation.

A. And when can I take off the bandage?
B. You will take it twice daily.
C. Exactly where does it hurt?
D. My wrist is what hurts the most.
E. Do you feel dizzy?
F. My name is Lupita. Well, Guadalupe.
G. Did you bump yourself on the head?
H. If I touch you here, does it hurt?
I. I fell at school.
J. No, you didn't break any bones or (tear) any ligaments.

_____ 1. ¿________ diste un golpe en ________ cabeza?

_____ 2. La muñeca es lo que más ________ duele.

_____ 3. ________ caí en la escuela.

_____ 4. ¿Y cuándo ________ puedo quitar la venda?

_____ 5. ________ llamo Lupita. Bueno, Guadalupe.

_____ 6. ¿________ sientes mareada?

_____ 7. ________ lo vas a tomar dos veces al día.

_____ 8. Si te toco aquí, ¿________ duele?

_____ 9. No, no ________ rompiste ningún hueso ni ________ ligamentos.

_____ 10. ¿Dónde ________ duele exactamente?

Ejercicio 7-2

Write what you think the following phrases from the dialog mean in English.

1. No es nada grave.

____

2. ¿Me va a poner un yeso?

____

3. Te voy a recetar un analgésico.

____

4. Tienes que hacer algo de terapia también para los ligamentos de la muñeca.

____

Ejercicio 7-3

Match each sentence from the dialog to the correct category.

_____ 1. La muñeca es lo que más me duele.

_____ 2. No es nada grave.

_____ 3. Tienes que hacer algo de terapia.

_____ 4. ¿Me va a poner un yeso?

_____ 5. Te voy a recetar un analgésico.

_____ 6. ¿No hay nada roto?

_____ 7. ¿Dónde te duele exactamente?

_____ 8. Tienes un esguince de muñeca.

_____ 9. Me caí en la escuela.

_____10. ¿Tienes náuseas?

A. describir el accidente o el dolor
B. pedir información o diagnosticar
C. hacer una pregunta sobre el diagnóstico
D. recetar medicina o dar instrucciones

Ejercicio 7-4

Read the questions below. Then read and listen to Diálogo 7-1 again and answer the questions.

1. How does the doctor find out what is wrong with Lupita?

____

2. What is Lupita's injury? Is it serious?

____

3. How long will it be before Lupita can take off the bandage?

____

4. How often should Lupita take the medicine?

____

5. How much does Lupita's medicine cost in pesos? If the current exchange rate is 12 pesos per dollar, how much would it cost in US currency?

____

Interpretive reading and listening

I can understand the doctor's questions and Lupita's responses in this dialog.

Nombre ______________________________

EL CUERPO HUMANO

El cuerpo humano

Ejercicio 7-5

Complete the sentences by filling in each blank with the correct part of the body.

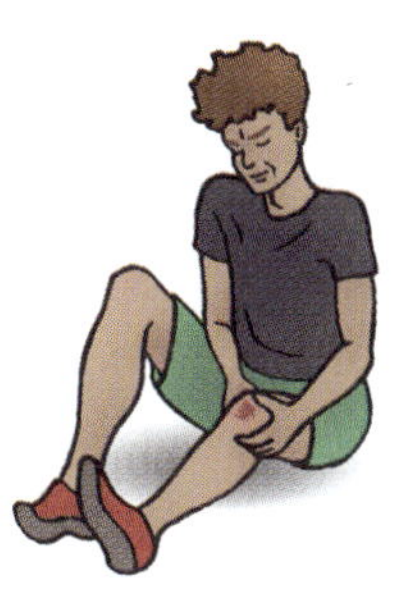

1. Pedro se cayó y se dio un golpe en la ______________.

2. Esteban se fracturó el ______________.

3. Marisol se siente mal porque le duele la ______________.

4. Alejandra se dio un golpe en el ______________ y ahora le duele mucho.

5. A Mateo le duele el ______________ porque juega mucho al fútbol.

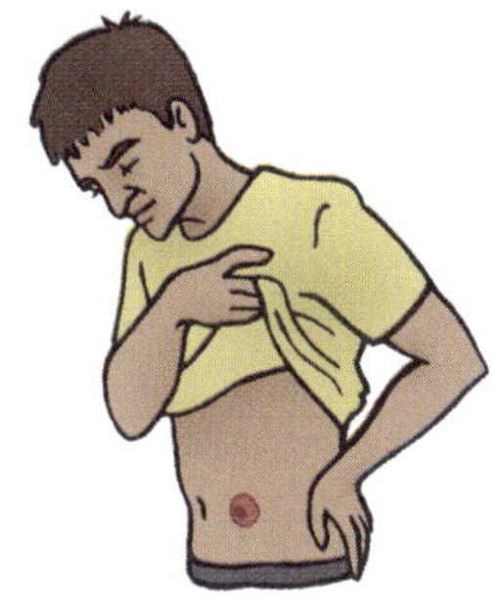

6. Javier se siente mal porque le picó un insecto en la ______________.

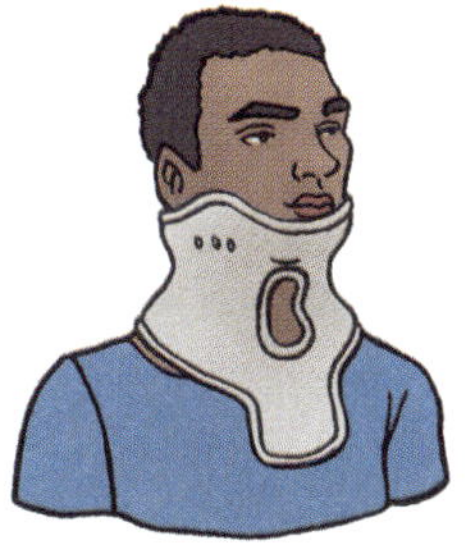

7. Ramón tuvo un accidente de auto y se rompió el ______________.

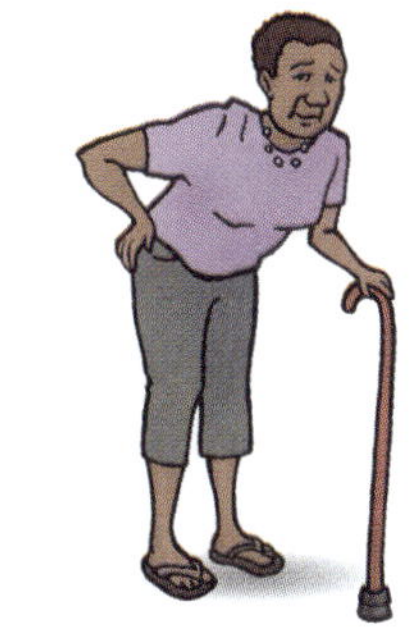

8. Mi abuelita se cayó en la casa y se fracturó la ______________.

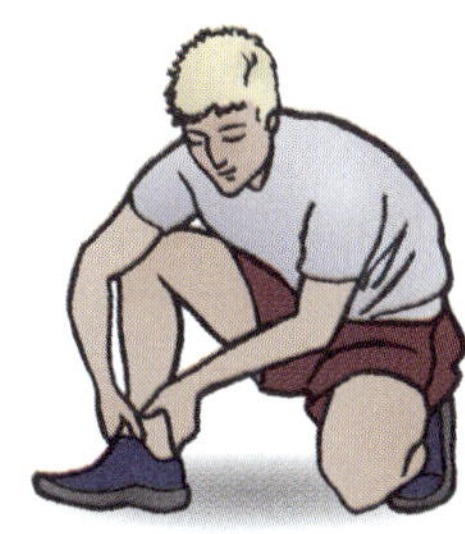

9. A Roberto le pegaron en el ______________ durante el partido de fútbol.

La cara y los sentidos

Ejercicio 7-6

Can you label these features without referring to your textbook? Remember to include the appropriate article.

 Nombre ______________________

Ejercicio 7-7

Fill in each blank with the most logical word relating to one of the five senses. It could be a verb or noun.

gustó	oídos	olí	tacto	vimos
huele	olfato	saboreaste	toqué	vista

1. Andriana vio todos los detalles del accidente porque tiene muy buena ____________.
2. Todos oímos el ratón menos Sebastián. No oyó nada porque tiene *audífonos*[1] en los ____________.
3. ¿Cuándo fue la última vez que (tú) ____________ una barra de chocolate?
4. Toda nuestra piel está diseñada para percibir el ____________.
5. La pizza que está en el horno de la cocina ____________ bien rica. ¿Cuándo vamos a comer?
6. Yo ____________ el perro antes de la comida. Necesito lavarme las manos.
7. Nosotros ____________ el atardecer ayer. ¡Qué vista tan hermosa!
8. Martín tiene un ____________ muy bueno. Olió el humo en la casa antes que todos nosotros.
9. A Vivian no le ____________ la sopa de pescado que comimos hoy.
10. Cuando salí afuera de la casa ____________ un *zorrillo*[2] y rápidamente me *tapé*[3] la nariz.

Ejercicio 7-8

Answer the following questions relating to your own senses. Use complete sentences.

1. ¿Encuentras comer helado durante el verano agradable o desagradable?

   ____

2. ¿Es para ti agradable o desagradable oír alguien rascar la pizarra con las *uñas*[4]?

   ____

3. ¿Encuentras oler el pelo mojado de un perro agradable o desagradable?

   ____

4. ¿Es para ti una sensación agradable o desagradable tomar un café caliente?

   ____

5. ¿Encuentras ver la luz de la luna *reflejada*[5] sobre el mar agradable o desagradable?

   ____

[1] headphones
[2] skunk
[3] to cover, to plug
[4] fingernails
[5] reflected

7

ME DUELE LA MUÑECA

Repaso: Los pretéritos regulares

Ejercicio 7-9

Pedro had a small accident at home and went to the doctor because his hand hurt. Complete the story with the correct verb forms.

El doctor le preguntó a Pedro lo qué le ______________ (pasa/pasó). Pedro le explicó, "Ayer fui a mi casa después de la escuela. Cuando ______________ (entré/entró), no vi el gato acostado detrás de la puerta de la cocina. ______________ (Tropecé/Tropezó) con el gato, y el gato hizo un ruido tremendo. *Me espanté*[1] con el ruido del gato y me caí. Cuando me caí, ______________ (extendí/extendió) el brazo para parar la caída. En lugar de agarrar el frigorífico, ______________ (agarró/agarré) la estufa caliente y ______________ (grité/gritó) más fuerte que el gato. Después se me occurió meter la mano en agua, pero no ______________ (ayudé/ayudó) a quitar el dolor. Así que ______________ (decidí/decidió) venir a verle en la clínica."

Entonces el doctor le preguntó a Pedro, "¿Qué ______________ (tocaste/toqué) cuando te caíste?" Pedro le respondió, "______________ (Tocaste/Toqué) la *hornilla*[2] de la estufa." Luego el médico le preguntó, "¿Y te diste un golpe en el brazo o en la mano cuando te caíste?" Pedro le contestó, "No me di un golpe en el brazo ni en la mano." El doctor le preguntó, "¿Y qué hizo el gato?" Pedro le dijo, "______________ (Salí/Salió) corriendo rápidamente de la cocina y se ______________ (escondió/esconde) debajo del sofá en la sala." Entonces el doctor le dijo, "Te voy a recetar una crema especial para las *quemaduras*[3]. Te la vas a aplicar en la mano dos veces al día. Y después me vienes a ver dentro de ocho días."

Después de una semana, Pedro volvió a la clínica. El doctor le saludó, "Hola, Pedro, cómo te sientes hoy?" Pedro le respondió, "La semana pasada me ______________ (sentí/siento) mal, pero ahora me siento mucho mejor." El doctor le dijo, "Qué bueno. ¿Te ______________ (aplicaste/apliqué) la crema para las quemaduras?" Pedro le contestó, "Sí, me la ______________ (apliqué/aplicaste) dos veces al día." El doctor le dijo, "Bueno, te ______________ (quemaste/quemé) la mano hace una semana, pero hoy se ve mucho mejor. Ya casi no se nota. Vas a estar bien." Pedro le dijo, "Gracias, doctor." Y luego añadió, "Doctor, me gustaría saber si tiene una receta para un gato *espantado*[4]."

[1] I got scared
[2] burner
[3] burns
[4] scared, frightened

 Nombre ______________________

Ejercicio 7-10

Paso 1

Pretend that while studying in Mexico for a semester, you have to go see a doctor. Answer the doctor's questions based on the following scenario:

Estás visitando las pirámides en México. Cuando subes una pirámide muy alta, tropiezas con un escalón y te caes hasta abajo. Te das un golpe en la pierna y ahora te duele mucho. No te sientes mareado ni tienes náuseas, pero te duele mucho la cabeza, y tienes fiebre. Decides ir a la sala de urgencias.

1. Hola. Soy el doctór Martínez. ¿Qué te pasó?

   ____

2. ¿Te diste un golpe? ¿Dónde?

   ____

3. Tienes *40 grados*[1] de fiebre. ¿Qué más te duele?

   ____

4. ¿Tienes náuseas o te sientes mareado/a?

   ____

5. Bueno, te fracturaste la pierna. Te voy a poner un yeso. ¿Necesitas un analgésico?

   ____

Paso 2

After recovering from your injury, you go for a follow-up visit. Use the following description of your current condition to answer the doctor's questions:

Después de dos meses, vuelves a ver al doctor. Te sientes mejor porque ya no te duele la cabeza, y no tienes fiebre, pero te duele la pierna todavía. Puedes caminar mejor, pero no puedes subir por las escaleras ni tampoco correr. Terminaste toda la medicina que el doctor te mandó. Tienes ganas de quitarte el yeso.

1. Hola, ¿te acuerdas de mí? Soy el doctór Martínez. ¿Cómo te sientes?

   ____

2. ¿Te duele algo todavía?

   ____

3. ¿Te tomaste toda la medicina que te mandé?

   ____

4. ¿Subiste con el elevador o subiste por las escaleras de la clínica?

   ____

5. ¿Quieres quitarte el yeso de la pierna?

   ____

[1] 104° F

Repaso: Los pretéritos irregulares

Ejercicio 7-11

Read each statement about accidents that Temo and Lupita's friends have had recently and decide whether what it describes is *lógico* or *ilógico*.

lógico/ilógico 1. David se cayó para atrás patinando sobre hielo, y se lastimó la espalda.

lógico/ilógico 2. Ariana se resbaló con la piel de un plátano, y después tuvo fiebre.

lógico/ilógico 3. Leonardo se rompió el dedo cuando quiso escribir en letra cursiva.

lógico/ilógico 4. Camila se hizo un corte en el dedo, y su mamá le trajo unas *tiritas*[1].

lógico/ilógico 5. El doctor de Verónica le recetó correr un maratón porque se sintió mareada.

lógico/ilógico 6. Héctor se lastimó la cabeza, y no pudo jugar en el campeonato de fútbol.

lógico/ilógico 7. Sebastián se dio un golpe ligero en la cabeza, y le pusieron un yeso en la pierna.

Ejercicio 7-12

Choose the correct verb forms to complete the sentences.

1. Selena tiene que tomarse la medicina, pero no ______________ (sabe/supo) dónde la ______________ (pone/puso).
2. Me enfermé hace un mes, pero ya estoy bien. Sin embargo, no ______________ (puedo/pude) salir sin abrigo.
3. Roberto reportó que ______________ (hay/hubo) un accidente en la carretera cuando ______________ (llamó/llamo) a la policía.
4. ¿Te lastimaste la nariz porque no ______________ (pusiste/pudiste) ver bien en el pasillo oscuro?
5. Joel no ______________ (quiso/quiere) tomar la medicina en líquido; prefirió tomarla en pastilla.
6. El doctor le dio a Lilian una receta, y le ______________ (dijo/dijiste) dónde está la farmacia que está cerca de la clínica.
7. A Gabriela le dolió mucho la cadera ayer. Pero se ______________ (puso/pusiste) hielo en la cadera y ahora camina sin tanta molestia.

[1] adhesive bandages, also called *curitas*

Ejercicio 7-13

Read each statement, then underline the sentence that most logically follows. Refer to the compound verbs in the charts in your textbook (pages 198–99, 212).

1. Max **se compuso** de *la gripe*[1].
   A. Hace un mes que Max estuvo enfermo de la gripe.
   B. Max todavía está enfermo de la gripe.

2. El médico **redujo** la dosis de ibuprofeno de 1.000 miligramos a 600 miligramos para Antonio.
   A. Antonio ya no tiene que tomar tanta medicina porque se está recuperando bien.
   B. Antonio tiene que tomar más miligramos de medicina porque tuvo una cirugía de rodilla.

3. Los doctores le **impusieron** a Víctor una orden estricta de descanso en casa.
   A. Los médicos le obligan a reposar en casa por una semana.
   B. Los doctores le dicen que puede salir afuera si duerme bien cada noche en casa.

4. Carlos **se distrajo** platicando con las muchachas y se dio un golpe con la puerta.
   A. Carlos trajo plátanos para todos, pero se le cayeron cuando se lastimó con la puerta.
   B. Carlos no estaba mirando al frente.

5. Mónica **contrajo** un virus y no quiere contagiar a los demás.
   A. Mónica tiene que estar en casa por dos semanas en aislamiento.
   B. Mónica tiene un virus en su computadora y no puede leer su correo electrónico.

6. La medicina que tomó Rosa después de la cirugía **previno** una infección en los riñones.
   A. Después de la cirugía, Rosa tuvo una infección en los riñones.
   B. Después de la cirugía, Rosa tomó la medicina, y eso le ayudó a mantener su salud.

[1] the flu

7

Ejercicio 7-14

Answer the following questions with complete sentences.

1. ¿Tuviste un accidente grave alguna vez? ¿Te pusieron un yeso? ¿En qué año te pasó el accidente?

2. ¿Tuviste un esquince de muñeca o de tobillo alguna vez? ¿Cuándo ocurrió? (¿En que año?)

3. ¿Te hiciste un corte en la mano alguna vez?

4. ¿Contrajiste un virus alguna vez?

5. ¿Te enfermaste de estómago alguna vez? ¿Pudiste comer o tuviste náuseas cuando te enfermaste?

Communication

I can describe physical problems to a doctor.

CONEXIONES CULTURALES CON EL PRESENTE

Los servicios médicos y financieros de la ciudad

Ejercicio 7-15

Indicate whether each statement is *cierto* or *falso* based on the *Conexiones culturales* feature on pages 216–17 of your textbook.

cierto/falso 1. La Cruz Roja es un servicio de salud importante en muchos países de habla hispana.

cierto/falso 2. Marcar el 911 te conecta con la asistencia médica de urgencias en todos los países de habla hispana.

cierto/falso 3. Los Ángeles Verdes es un servicio de asistencia en México para ayudar a los viajeros en las carreteras.

cierto/falso 4. *Los primeros auxilios* se refiere al cuidado urgente que se tiene que aplicar en caso de emergencia.

cierto/falso 5. Los números telefónicos pueden estar escritos de otra manera de lo que conocemos en los Estados Unidos.

cierto/falso 6. La policía municipal y la policía estatal son lo mismo que la policía federal.

cierto/falso 7. Los aficionados gritan "¡Socorro!" durante los partidos de fútbol ("soccer" en inglés) en los países de habla hispana cuando está perdiendo su equipo favorito.

cierto/falso 8. Te cobran una comisión solamente cuando cambias dólares a la moneda del país que estás visitando.

cierto/falso 9. En la mayoría de los bancos en países de habla hispana se cierra el Cuatro de Julio y el Día de Acción de Gracias.

Ejercicios 7-16

Answer the questions. Refer to the illustrations on pages 216–17 of your textbook.

1. Write in English the four kinds of emergencies listed in Spanish on the index card.

____

2. What does *punto de reunión* refer to?

____

3. On which days of the year would banks in both Mexico and the United States be closed?

____

Culture  

I can say what I need to in order to use medical and financial services.

 Nombre ______________________________

Diálogo 7-2: La cuenta bancaria

Ejercicio 7-17

Read and listen to Diálogo 7-2 (pages 218–19 in your textbook). Then underline the item that is different from the other two.

1. sacar dinero / retirar dinero / ingresar dinero
2. la cuenta corriente / el cajero automático / la cuenta de ahorros
3. la tarjeta de débito / la tarjeta de crédito / la cuenta bancaria
4. el cajero automático / el dinero / la ventanilla
5. los ahorros / los gastos / las comisiones

Ejercicio 7-18

Match each definition with the correct term.

_____ 1. los depósitos regulares a la cuenta

_____ 2. una máquina que te permite realizar transacciones como retirar el dinero

_____ 3. una cuenta para las operaciones financieras de cada día

_____ 4. una ventana en un banco de donde la cajera atiende a los clientes

_____ 5. el costo de usar un servicio financiero

_____ 6. lograr o alcanzar un objetivo

_____ 7. lo que tienes que pagar para cubrir tus necesidades

_____ 8. recibir dinero por un trabajo

_____ 9. el dinero que tienes reservado para gastos futuros

_____ 10. sacar dinero del banco o del cajero autómatico

A. gastos
B. ahorros
C. cajero automático
D. retirar
E. cuenta corriente
F. ingresos
G. cobrar
H. comisión
I. ventanilla
J. conseguir

Ejercicio 7-19

Carefully read and listen to Diálogo 7-2 again. Then indicate whether each of the following statements is *cierto* or *falso.*

cierto/falso 1. Lupita vino al banco para abrir una cuenta bancaria con Temo.

cierto/falso 2. Solamente la familia de Temo tiene una cuenta en el Banco Nacional.

cierto/falso 3. Temo empezó a trabajar hace un año.

cierto/falso 4. Lupita le pidió a su mamá de abrir una cuenta porque Temo tiene su cuenta en el banco.

cierto/falso 5. Lupita consiguió un trabajo en el banco los sábados por la mañana.

cierto/falso 6. Temo oyó que le cobran una comisión cuando deposita dinero por el cajero automático.

cierto/falso 7. Cuando Lupita se cayó, la computadora se le cayó también y se rompió la pantalla.

Ejercicio 7-20

Answer the following questions with complete sentences in English.

1. Why did Lupita go to the bank?

____

2. What does *¡Ahorra Hoy!* mean on the sign that Temo and Lupita see in the bank?

____

3. When Lupita says "*Yo no pienso ingresar tampoco por cajero,*" what does she mean?

____

____

4. Why is it important that Lupita get her computer fixed?

____

____

5. When Temo says "*Te puedo acompañar*" outside the bank, what does he mean?

____

Interpretive reading and listening

I can understand why Lupita goes to the bank and what she and Temo decide to do afterward.

 Nombre ______________________

EN EL BANCO

Las transacciones bancarias y el dinero

Ejercicio 7-21

You are learning to take care of your own business matters. Match each financial task with the correct photo.

A. Pido un préstamo.

B. Voy al cajero automático.

C. Voy a la ventanilla.

D. Necesito un cheque de mi chequera.

E. Porque estoy ganando dinero.

F. Me gasté todo el dinero.

G. Abro una cuenta de ahorros.

H. ¿Aceptan tarjeta de crédito?

_____ 1. Necesitas retirar $40, pero el banco está cerrado. ¿A dónde vas?

_____ 2. Tienes que mandar un pago por correo. ¿Qué necesitas?

_____ 3. Necesitas más dinero para comprar un auto. ¿Qué haces?

_____ 4. Tienes muchos billetes y quieres depositarlos en persona. ¿A dónde vas?

_____ 5. Hoy es viernes y te pagan. ¿Por qué estás contento?

_____ 6. Hoy es lunes y no tienes ni siquiera un centavo. ¿Qué hiciste?

_____ 7. Comes en un restaurante y te olvidaste tu dinero en casa. ¿Qué preguntas al mesero?

_____ 8. Recibiste mucho dinero para tu cumpleaños y no quieres gastarlo. ¿Qué haces?

Communication

I can identify common phrases and terms used in financial transactions.

MIS FINANZAS

Los hábitos financieros

Ejercicio 7-22

Temo and Lupita talk with their friends about how they use money. As you listen to how each friend uses money, decide whether he or she has developed *un buen hábito* or *un mal hábito*.

1. buen hábito / mal hábito
2. buen hábito / mal hábito
3. buen hábito / mal hábito
4. buen hábito / mal hábito
5. buen hábito / mal hábito
6. buen hábito / mal hábito
7. buen hábito / mal hábito

Ejercicio 7-23

One of Temo's friends has recently started a new job. Complete each sentence with the correct verb.

anduvo	encontró	fue	pudo	tuvo
durmió	estuvo	propuso	quiso	vino

1. El amigo de Temo ____________ un trabajo nuevo en una agencia de autos.
2. El primer día de trabajo ____________ que atender a muchos clientes.
3. Después de trabajar muchas horas durante la semana, el sábado ____________ hasta las diez de la mañana.
4. El viernes pasado, cuando no ____________ el otro empleado al trabajo, el amigo de Temo tuvo que trabajar.
5. Su jefe le ____________ ser nombrado empleado de la semana por su buen servicio de atención al cliente.
6. ____________ sin carro todo el año, pero hace poco ____________ comprar un pequeño auto con dos puertas.
7. El trabajo en la agencia es su primer trabajo; ____________ trabajar antes, pero no ____________ posible por ser menor de edad.
8. El sábado pasado el amigo de Temo ____________ trabajando todo el día, y por eso le pagaron horas extras.

 Nombre ________________________

Ejercicio 7-24

Answer the following questions about your own money habits. Use complete sentences.

1. ¿Abriste una cuenta bancaria alguna vez? ¿*Cuánto tiempo hace*[1] que la abriste?

   ____

2. ¿Usaste una tarjeta de débito antes? ¿Te olvidaste del número personal de identificación (PIN)?

   ____

3. ¿Hiciste una compra por internet alguna vez? ¿Fue fácil o fue difícil hacer la compra?

   ____

4. ¿Ahorraste dinero para algo especial alguna vez? ¿Para qué lo ahorraste?

   ____

5. ¿Usaste alguna vez la tarjeta de débito o crédito para comer? ¿Te gastaste más o menos de veinte dólares?

   ____

6. ¿Retiraste alguna vez una gran cantidad en efectivo del cajero automático? ¿Cuánto sacaste?

   ____

[1] how long ago

Los negativos y negativos dobles

Ejercicio 7-25

Temo and Lupita's friends at school talk about things they always do or never do with money. Complete each sentence with the correct verb.

1. Juan no _____________ (deposita/gasta) dinero nunca por el cajero automático.
2. Natalia no _____________ (guarda/presta) dinero en casa nunca. Siempre lo pone todo en el banco.
3. Si tiene suficiente dinero en su cuenta de ahorros, Xavier no _____________ (pide/presta) un préstamo nunca.
4. Ricardo no _____________ (usa/gasta) tarjeta de crédito nunca.
5. Cuando es de noche y está sola, Gabriela no _____________ (ahorra/deposita) dinero por el cajero automático jamás.
6. Sara no _____________ (saca/cobra) nunca más de doscientos dólares del banco al mismo tiempo.

Ejercicio 7-26

Choose the correct words to make the second statement agree with the first.

1. Sergio no pide préstamos nunca.
   Fernanda (también/tampoco) (pide/presta) préstamos.
2. Miriam ahorra dinero en una cuenta de ahorros.
   Marcos (también/tampoco) (presta/ahorra) dinero en una cuenta de ahorros.
3. Raquel nunca saca más de doscientos dólares del banco.
   (También/Tampoco) Alejandro (retira/presta) más de doscientos dólares cuando va al banco.
4. Geraldo no deposita dinero en efectivo nunca por el cajero automático.
   Andrea no (deposita/saca) dinero en efectivo por el cajero automático (también/tampoco).
5. Nosotros usamos tarjeta de crédito de vez en cuando.
   Alicia (también/tampoco) (usa/usamos) tarjeta de crédito de vez en cuando.
6. Penélope no ingresa dinero por el cajero automático de noche.
   Marisol (también/tampoco) (retira/ingresa) dinero por el cajero automático de noche.
7. Hugo siempre saca billetes de veinte dólares por el cajero automático.
   Yo (también/tampoco) (saco/saca) billetes de veinte dólares por el cajero automático.

 Nombre ____________________

Ejercicio 7-27

First read each statement below. Then respond to the statement according to what is true for you.

Modelo
Siempre doy una ofrenda en la iglesia cada domingo.
—Yo también doy una ofrenda en la iglesia cada domingo. *or*
—No siempre doy una ofrenda en la iglesia cada domingo.

1. Tengo una cuenta corriente. ¿Y tú?

   ____

2. No como en un restaurante cada día. ¿Y tú?

   ____

3. No tengo una cuenta de ahorros. ¿Y tú?

   ____

4. A veces pago con tarjeta de crédito. ¿Y tú?

   ____

5. Yo no ayudo con los gastos de la casa. ¿Y tú?

   ____

Communication   

I can discuss my personal finances and business habits.

CONEXIONES CULTURALES CON EL PASADO

Una ciudad asentada sobre un lago

Ejercicio 7-28

Read the *Conexiones culturales* feature on pages 228–29 of your textbook, then determine whether each statement about Tenochtitlán is *cierto* or *falso*.

cierto/falso 1. Los aztecas llegaron al lago Texcoco desde el norte de México.

cierto/falso 2. Vieron un águila en un nopal devorando un pescado.

cierto/falso 3. Construyeron su templo al dios de la guerra en el año mil trescientos veinticinco.

cierto/falso 4. La ciudad de Tenochtitlán se fundó en una isla.

cierto/falso 5. Los aztecas hicieron acueductos para traer agua dulce hasta la isla.

cierto/falso 6. Para ayudar con el crecimiento de la ciudad, los aztecas compraron mucha verdura de afuera.

cierto/falso 7. La chinampa es un método antiguo de agricultura sudamericana para cultivar verduras.

cierto/falso 8. La ciudad de los aztecas se inundó varias veces y fue necesario construir un dique de dieciséis kilómetros de largo.

cierto/falso 9. La ciudad empezó a crecer mucho con la construcción del dique, y también con la producción de las chinampas.

cierto/falso 10. Moctezuma II reinó sobre el imperio azteca de 1502 a 1520 y fundó la ciudad de los aztecas.

cierto/falso 11. Moctezuma II mandó a construír un jardín botánico, dos zoológicos, un aviario y un acuario.

cierto/falso 12. Cuando llegaron los españoles, dijeron que Tenochtitlán *se parecía*[1] a la ciudad de Venecia.

Culture 

I can explain how the Aztec capital city grew since its founding.

[1] appeared like, seemed similar to

 Nombre ______________________

Diálogo 8-1: Viaje a Cuernavaca

Ejercicio 8-1

Read and listen to Diálogo 8-1 (pages 238–39 in your textbook). Then write the phrases from the dialog that mean the following.

______________________ 1. since last Christmas

______________________ 2. We used to see them.

______________________ 3. He used to carry me.

______________________ 4. He would always beat (win against) me.

______________________ 5. How long does it take?

______________________ 6. It takes one hour.

______________________ 7. There weren't highways.

______________________ 8. [Buses] were slower.

______________________ 9. on the same street

______________________ 10. I have to leave you here.

______________________ 11. It was nothing.

______________________ 12. I just fell, that's all.

Ejercicio 8-2

Match each definition with the correct word from Diálogo 8-1.

abuelita	autopista	damas	hotel	taxi
autobús	colonia	enchiladas	muñeca	tianguis

______________ 1. juego de mesa para dos jugadores

______________ 2. carretera diseñada para viajar a mucha velocidad

______________ 3. vehículo de transporte público que puede llevar entre 40 a 60 personas

______________ 4. carro usado para transporte público

______________ 5. barrio o zona en México

______________ 6. mercado callejero

______________ 7. lugar donde los viajeros pueden pasar la noche para descansar

______________ 8. articulación entre la mano y el brazo

______________ 9. comida típica en México

______________ 10. la madre de tu madre

Ejercicio 8-3

Read and listen to the dialog again, then answer the following questions in English. Use complete sentences.

1. What are Temo and Lupita happy about?
2. How long has it been since they last saw their grandparents?
3. In what city did their grandparents live before?
4. What does Lupita remember about her grandfather?
5. What game did Temo and his grandfather used to play?
6. How long does it take to travel from Mexico City to Cuernavaca?
7. How long did it take before?
8. What made the difference in the time it takes to travel between the two cities?
9. What color were the taxis in Cuernavaca before?
10. What color are the taxis in Cuernavaca now?
11. What business is on the same street as Temo and Lupita's grandparents' house?
12. Why does the taxi driver drop Temo and Lupita off before arriving at their grandparents' house?

I can understand Temo and Lupita's conversations with the taxi driver and with their grandmother.

 Nombre ______________________

VAMOS A LA CALLE GALEANA 29

Las direcciones postales

Ejercicio 8-4

Name the elements of each address, using the words in the word bank.

business name	country	postal code	street name
city	district	state	street number

Farmacia Teopanzolco	____________
Olivo 29	____________, ____________
Col. Lomas de Teopanzolco	____________
62350 Cuernavaca, Morelos	____________, ____________, ____________
México	____________
Antonio Moyano	recipient name
C/ Feliciano Xarau 48, 8º 2ª	street name, ____________, floor, apt. number
08290 Cerdanyola del Vallés	____________, ____________
Barcelona	province
España	____________
Restaurante El Gato	business name
Javier Luna Pizarro 1252	____________, street number
15033 Cercado de Lima	postal code, ____________
Lima, Perú	____________, country
Panadería Kuty	business name
Carretera 24, 3-03	____________, ____________
Cundinamarca	____________
Bogotá, Colombia	____________, country

Communication

I can identify the parts of a mailing address.

8

CUANDO VIVÍAN EN LA CIUDAD

El imperfecto de verbos *-ar*

Ejercicio 8-5

Paso 1

Read each sentence about Julio and indicate whether it is in the present or the past tense.

______________ 1. Julio me llamaba todos los sábados para hablar de fútbol.

______________ 2. Julio canta en el coro de la iglesia.

______________ 3. Julio habla inglés muy bien.

______________ 4. Julio estudiaba mucho para los exámenes.

______________ 5. El padre de Julio trabajaba en un centro comercial.

______________ 6. Julio visita a sus abuelos todos los domingos.

______________ 7. El abuelo estaba enfermo en el hospital.

______________ 8. La abuela de Julio camina tres kilómetros cada día.

Paso 2

Choose two sentences from Paso 1, one in the present tense and one in the past tense, and explain how you know they are in the present or past tense.

____

____

____

____

____

Ejercicio 8-6

Indicate whether each sentence about Manuel's time in school is *lógico* or *ilógico*.

lógico/ilógico 1. Manuel y sus amigos jugaban a las cartas durante los exámenes.

lógico/ilógico 2. El profesor de geografía enseñaba la clase de matemáticas.

lógico/ilógico 3. El director de la escuela desayunaba por la tarde.

lógico/ilógico 4. El equipo de Manuel ganaba todos los partidos de fútbol.

lógico/ilógico 5. Manuel se levantaba cada día a las once para ir a la escuela.

lógico/ilógico 6. La mamá de Manuel llevaba a Manuel a la escuela en carro.

lógico/ilógico 7. Manuel compraba sus libros de texto en la librería de la escuela.

Ejercicio 8-7

Paso 1

Lucas and his family moved from Mexico City to Cuernavaca last summer. Lucas is now in his first year of high school. Listen and complete the story with the verbs you hear.

Desde que nos mudamos a Cuernavaca, la vida de mi familia cambió bastante. A mí ____________ vivir en la Ciudad de México, pero ____________ más vivir en Cuernavaca porque es mucho más tranquila y puedo ir a la escuela a pie. En la Ciudad de México ____________ un autobús todos los días para ir a la escuela, pero algunas veces, mi mamá me ____________ a la escuela en carro. Ahora que estoy en la *prepa*[1], tengo un horario muy diferente. Por ejemplo, en la primaria, no ____________ tan temprano y siempre ____________ con mis hermanos pequeños, pero ahora ____________ muy temprano y ____________ solo porque mis hermanitos se levantan más tarde.

Otra cosa que es diferente es mis estudios. En la primaria, ____________ un poco y no ____________ pasar horas haciendo tareas; pero ahora ____________ a todas horas y ____________ muchas horas para hacer todos los proyectos de la escuela. En la Ciudad de México, mi mamá no____________; ____________ en casa y ____________, ____________, ____________, ____________ la ropa y ____________ de nosotros. Pero ahora ____________ y no tiene tiempo para hacer *las tareas de la casa*[2]. Cuando llegamos a Cuernavaca, mi papá *nos reunió*[3] y nos dijo que ____________ ayudar a Mamá en la casa. Así que ahora ____________ mi ropa y mis libros antes de irme a la cama, y hago mi cama y ____________ mi habitación antes de ir a la escuela. Antes yo no ____________ ni ____________ mi ropa para el día siguiente porque mi mamá ____________ de todo, pero ahora es diferente.

Paso 2

Read each statement and decide whether it is *cierto* or *falso* based on Paso 1. You may need to infer some answers from the information that is explicitly stated.

cierto/falso 1. A Lucas le gustaba mucho más vivir en la Ciudad de México.

cierto/falso 2. Lucas y sus hermanos se levantaban a la misma hora.

cierto/falso 3. Los hermanos de Lucas no se levantan tan temprano como Lucas.

cierto/falso 4. Lucas estudiaba mucho en la primaria.

cierto/falso 5. El papá y la mamá de Lucas trabajaban en la Ciudad de México.

cierto/falso 6. La mamá de Lucas *se encargaba*[4] de las tareas de la casa.

cierto/falso 7. La mamá y el papá de Lucas compraban, cocinaban y lavaban la ropa juntos.

cierto/falso 8. En la Ciudad de México, Lucas y sus hermanos no ayudaban a su mamá en la casa.

---

[1] from *preparatoria*; high school (Mex.)
[2] housework
[3] to gather together
[4] to take care of

Verbos irregulares en el imperfecto: *ser*, *ir* y *ver*

Ejercicio 8-8

Paso 1

Mariana sees her friend Lucía talking to a girl before going to class. Complete the conversation by choosing the correct verb forms.

Mariana: ¿Quién ____________ (éramos/era/eras) la chica con la que ____________ (hablabas/hablábamos/hablaban) hace un rato?

Lucía: Esa ____________ (eras/era/eran) Manuela. Manuela y yo ____________ (iban/iban/íbamos) a la misma escuela cuando ____________ (éramos/eran/eras) pequeñas.

Mariana: ¡Y todavía ____________ (somos/son/es) amigas! ¡Qué lindo!

Lucía: Sí, Manuela ____________ (éramos/eran/era) mi mejor amiga. Siempre ____________ (jugaban/jugaba/jugábamos) e ____________ (iba/iban/íbamos) a todas partes juntas. No nos ____________ (veíamos/veía/veías) desde el año pasado.

Mariana: ¿Por qué no se ____________ (veíamos/veías/veían) ustedes desde hace un año?

Lucía: Porque ahora estudia en el colegio alemán. Su papá ____________ (éramos/eran/era) alemán.

Mariana: ¿____________ (Era/Éramos/Eras)? ¿Qué le pasó?

Lucía: Hace dos años se puso muy enfermo y murió.

Mariana: ¡Qué triste!

Lucía: Sí, fue muy triste; pero ____________ (eras/eran/era) creyente, y eso les dio mucha paz a Manuela y a su mamá.

Mariana: ¡Qué bueno!

Paso 2

Determine whether each of the following statements is *cierto* or *falso* based on the conversation in Paso 1.

cierto/falso 1. Lucía y Manuela iban a la escuela juntas cuando eran niñas.

cierto/falso 2. Lucía y Manuela no eran muy buenas amigas.

cierto/falso 3. Lucía y Manuela iban siempre juntas.

cierto/falso 4. Lucía no veía a Manuela desde el año pasado.

cierto/falso 5. El papá de Manuela era de Francia.

cierto/falso 6. El padre de Manuela falleció en un accidente.

cierto/falso 7. El papá de Manuela era creyente.

 Nombre ____________________

Ejercicio 8-9

Think of a friend in the past and write sentences describing what he or she was like. Use complete sentences.

1. ¿A qué escuela ibas en la primaria?

   ____

2. ¿Tu amigo/a iba a la misma escuela que tú?

   ____

3. ¿Era un chico o una chica?

   ____

4. ¿Cómo se llamaba?

   ____

5. ¿Era simpático/a?

   ____

6. ¿Era tímido/a?

   ____

7. ¿Era estudioso/a?

   ____

8. ¿Es tu amigo/a todavía?

   ____

El imperfecto de verbos *-er* e *-ir*

8

Ejercicio 8-10

Determine whether each sentence is in the past or the present tense.

______________ 1. Antes no comía verduras; no me gustaban.

______________ 2. Antes no bebía agua; sólo bebía sodas.

______________ 3. Tenemos un perro y dos gatos en casa.

______________ 4. Mi hermano corría tres kilómetros cada mañana.

______________ 5. Mi madre no sabe español.

______________ 6. Mi tía no hablaba italiano, pero lo comprendía bastante bien.

______________ 7. Mi abuela escribía poesías muy bonitas cuando era joven.

______________ 8. Mi hermano es muy *tacaño*[1]; no comparte nada.

Ejercicio 8-11

Match each question to the most logical answer.

_____ 1. ¿Por qué comía Juan tan rápido?

_____ 2. ¿Por qué te gustaba ir a ese mercado?

_____ 3. ¿Qué tenía Marta en la mochila?

_____ 4. ¿Por qué tenían los niños las manos *sucias*[2]?

_____ 5. ¿Por qué se escondía tu hermanito?

_____ 6. ¿Por qué no permitían a Marta jugar al fútbol?

_____ 7. ¿Dónde vivían tus primos antes?

_____ 8. ¿Por qué no respondías el teléfono ayer?

A. Porque el partido de fútbol era sólo para chicos.
B. Porque mi abuela vendía ropa allá.
C. Porque estaba en el jardín y no podía oírlo.
D. Porque tenía una clase en diez minutos.
E. Porque estaban jugando con la tierra.
F. Vivían en el estado de Sonora.
G. Tenía muchos libros para leer durante el viaje.
H. Porque tenía miedo del perro.

[1] stingy
[2] dirty

 Nombre ______________________

Ejercicio 8-12

Paso 1

Marcos is writing an essay for a homework assignment about a dog he had when he was younger. Complete the story with the correct verbs. Some verbs will be used more than once.

caminaba	era	paseábamos	ponía	reía	tenía
dormía	obedecía	pedíamos	quería	salíamos	teníamos

Cuando era niño, ______________ un perro que se llamaba Facundo. Facundo ______________ un perro muy especial porque ______________ un ojo de color azul y un ojo de color marrón. También tenía una personalidad muy especial: era muy *vago*[1], ______________ todo el día, y no ______________ nunca. Si le ______________ algo, nos miraba y nos ignoraba. Facundo ______________ una apariencia muy curiosa: era blanco y tenía *manchas*[2] negras. La oreja derecha de Facundo ______________ blanca y la oreja izquierda era negra. Facundo ______________ sólo tres *patas*[3]: una pata era blanca y las otras dos eran negras.

Todas las tardes, cuando Facundo ______________ salir a la calle a pasear, se levantaba de su cama, se sentaba delante de mí, y me miraba con una *mirada*[4] muy intensa. Así que yo le ______________ el collar y la *correa*[5] y ______________ a pasear. Cuando ______________ por la calle, la gente nos miraba y ______________ porque Facundo ______________ con la lengua fuera de la boca. A veces lo *extraño*[6].

Paso 2

Indicate whether each statement is *cierto* or *falso* based on the information in Paso 1. If a statement is *falso*, correct it so that it is *cierto*.

cierto/falso 1. Marcos y su familia tenían un perro muy especial.

____

cierto/falso 2. El perro de Marcos tenía los ojos marrones.

____

cierto/falso 3. Facundo era un perro muy activo.

____

cierto/falso 4. Facundo era un perro muy desobediente.

____

cierto/falso 5. Facundo ignoraba a Marcos cuando quería salir a la calle.

____

[1] lazy
[2] patches, spots, stains
[3] legs (of animals)
[4] look
[5] leash, belt
[6] I miss

Capítulo 8: El mercado de la ciudad

8

Paso 3

Answer the following questions about a pet you once had. Write complete sentences. If you did not have a pet at home, you may write about a friend's, neighbor's, or family member's pet.

1. ¿Tenías un animal en casa cuando eras niño?

 ____

2. ¿Qué animal era? ¿Un perro, gato, periquito, loro, pez, hamster, conejo u otro?

 ____

3. ¿Cómo se llamaba?

 ____

4. ¿De qué color o colores era?

 ____

5. ¿Cómo era su personalidad? ¿Era activo, calmado, bueno o malo?

 ____

 Nombre ______________________________

Ejercicio 8-13

Paso 1

Félix and Óscar are high school students talking about what school was like when they were younger. Complete their conversation with the correct verbs. Some verbs will be used more that once.

aprendíamos	era	hacían	nos conocíamos	tenían
creía	eran	ibas	podían	tenías
dedicaban	existía	jugábamos	tenía	

Félix: Óscar, ¿cómo era la escuela a la que ______________?

Óscar: ______________ chiquita; tenía cien estudiantes, no más.

Félix: ¿Y cuántos profesores ______________?

Óscar: Creo que séis o siete. ¿Y tu escuela?

Félix: Mi escuela era muy grande; ______________ más de mil estudiantes.

Óscar: ¡Más de mil! *¡Qué onda!*[1]

Félix: Bueno, sí ______________ más divertido, pero no ______________ mucho porque las clases ______________ demasiado grandes. Los profesores no ______________ tiempo para corregir todas las tareas y no ______________ atender a todos los estudiantes.

Óscar: Yo ______________ que las escuelas grandes ______________ mejores. Mi escuela ______________ entre quince y veinte estudiantes por clase y si ______________ un problema con alguna clase, los profesores te ______________ tiempo para ayudarte.

Félix: También ______________ el problema de que cuando eras un estudiante nuevo, era muy difícil hacer amigos nuevos.

Óscar: En mi escuela los estudiantes nuevos ______________ amigos muy rápido porque todos ______________ y ______________ siempre juntos.

Félix: Yo me alegro de estar en la prepa ahora. Tengo buenos amigos, y los profesores son muy buenos.

Óscar: Sí, yo también; pero extraño mi escuela.

[1] How cool! (Mex., colloquial)

8

Paso 2

Based on Félix and Óscar's conversation in Paso 1, determine whether each statement is *cierto* or *falso*.

cierto/falso 1. La escuela de Óscar era más pequeña que la escuela de Félix.

cierto/falso 2. La escuela de Óscar tenía más de diez profesores.

cierto/falso 3. La escuela de Félix tenía casi mil estudiantes.

cierto/falso 4. Los estudiantes en la escuela de Félix no aprendían mucho.

cierto/falso 5. Los profesores en la escuela de Félix podían atender a todos los estudiantes.

cierto/falso 6. En la escuela de Félix era fácil hacer amigos nuevos.

cierto/falso 7. En la escuela de Óscar todos los estudiantes se conocían.

Ejercicio 8-14

Answer the following questions about your elementary school classmates and teachers.

1. ¿Cómo era tu escuela primaria? ¿Pequeña o grande?

   ___

2. ¿Cuántos estudiantes tenía tu escuela?

   ___

3. ¿Cuántos profesores tenía tu escuela?

   ___

4. ¿Tenías muchos amigos en tu escuela?

   ___

5. ¿Cómo eran tus profesores? ¿Estrictos, simpáticos, muy inteligentes?

   ___

Communication

I can describe people, school, and family life in the past.

CONEXIONES CULTURALES CON EL PRESENTE

Un ejemplo vivo de cultura

Ejercicio 8-15

Paso 1

Read the *Conexiones culturales* feature on pages 250–51 of your textbook. Match each definition to the type of market it describes.

_____ 1. vende artículos nuevos

_____ 2. está en una calle diferente cada día

_____ 3. vende artículos de segunda mano o usados

_____ 4. vende cosas hechas a mano

A. mercadillo
B. mercado artesanal
C. mercado público
D. tianguis

Paso 2

Match each definition to the correct term used in transactions in the market.

_____ 1. negociar el precio de un artículo

_____ 2. precio reducido

_____ 3. comprar sólo un artículo

_____ 4. comprar en grandes cantidades

A. rebajas
B. regatear
C. mayoreo
D. menudeo

Ejercicio 8-16

Indicate whether each statement is *cierto* or *falso* based on the information in the feature.

cierto/falso 1. En México hay mercados en las calles cada semana.

cierto/falso 2. En México, los mercados en las calles se llaman tianguis.

cierto/falso 3. Los primeros mercados en las calles de México empezaron en el siglo XX.

cierto/falso 4. En los mercados hay muchos elementos que muestran la cultura.

cierto/falso 5. En los tianguis no puedes encontrar artículos artesanales.

cierto/falso 6. Solamente hay un tianguis en toda la Ciudad de México.

cierto/falso 7. Algunos mercados se especializan en un tipo de artículo solamente.

Culture

I can discuss certain aspects of the marketplace.

Diálogo 8-2: Visita a los abuelitos

Ejercicio 8-17

Paso 1

Read and listen to Diálogo 8-2 (pages 252–53 in your textbook). Then for each word or phrase below, write the expression from the dialog that has the same meaning.

______________________ 1. errands

______________________ 2. He retired.

______________________ 3. weather

______________________ 4. quiet

______________________ 5. We miss you.

______________________ 6. mischievous

______________________ 7. wedding

______________________ 8. necktie

______________________ 9. to burn

______________________ 10. pride

Paso 2

Match each definition with the correct phrase from Diálogo 8-2.

Aquí están mejor.	Les extrañamos mucho.
cuando eran niños	Llevaban esa ropa.
el día de la boda	nos dejó
Está haciendo unos recados.	Sabemos a quién salió.

______________________ 1. It dropped us off.

______________________ 2. He is running some errands.

______________________ 3. You are better off here.

______________________ 4. We miss you a lot.

______________________ 5. when they were children

______________________ 6. We know whom he took after.

______________________ 7. the wedding day

______________________ 8. They used to wear those clothes.

Capítulo 8: El mercado de la ciudad

8

Paso 3

Read and listen to Diálogo 8-2 again, then answer the following questions in English.

1. Why couldn't the taxi leave Temo and Lupita at their grandparents' house?

____

2. Where did Temo and Lupita's grandparents live before?

____

3. What two things are better in Cuernavaca than in Mexico City?

____

4. What does Temo remember about his grandfather?

____

5. What pictures do Temo and Lupita want to see?

____

6. What was Temo's mom like when she was a young girl?

____

7. What was the weather like on Temo's parents' wedding day?

____

8. What is different about Lupita's dad in the pictures?

____

9. What were the clothes like that Temo and Lupita's parents wore?

____

10. What did Lupita's mom want to do with the pictures?

____

Interpretive reading and listening 

I can understand the main ideas of the dialog and specify details about Temo and Lupita's family pictures.

 Nombre ______________________

LA VIDA EN EL PASADO

El verbo *hay*

Ejercicio 8-18

Paso 1

Read the following sentences and determine whether each one is *lógico* or *ilógico*.

lógico/ilógico 1. En mi escuela no había profesores; los estudiantes hacían lo que querían.

lógico/ilógico 2. La casa de mis abuelos no tenía aire acondicionado, pero había una chimenea.

lógico/ilógico 3. Hace cien años, no había centros comerciales en la mayoría de los pueblos.

lógico/ilógico 4. Pedro no iba a la escuela porque no había escuelas muy cerca de su casa.

Paso 2

Complete each sentence with the correct form of the verb *haber* or *tener*.

1. La semana pasada no ______________ nadie en el hotel, pero esta semana ______________ muchísima gente.
2. Cuando yo estudiaba en esta escuela, ______________ muchos estudiantes en cada clase, pero ahora sólo ______________ veinte alumnos por clase.
3. Mi escuela no ______________ un gimnasio, pero ahora sí lo ______________; lo construyeron el año pasado.
4. En el pasado, no ______________ hospitales en muchos pueblos de México, pero ahora ______________ un hospital casi en cada pueblo.
5. En las calles de muchas ciudades ______________ cabinas de teléfonos, pero ahora no ______________ porque la gente usa teléfonos celulares.
6. Cuando los carros no ______________ GPS, la gente usaba mapas para viajar, pero ahora la mayoría de los carros ______________ GPS y la gente ya no usa mapas.

Paso 3

Write sentences in Spanish describing what your elementary school was like.

1. Describe the buildings. (How many were there? What was your classroom like?)

____

____

2. Describe the students. (How many students were in your class? How many boys and how many girls?)

____

____

3. Describe your teachers. (How many were there? What were their names? What subjects did they teach?)

____

____

Ejercicio 8-19

8

Paso 1

Lucero went to Switzerland as an exchange student for a year. When she returned to Mexico, her teacher asked her to share with the class what the school and Switzerland were like. Listen to her descriptions. Complete each sentence with the verbs you hear.

Me ______________ la experiencia. Suiza es muy bonita, y la Escuela Internacional de Ginebra ______________ muy bonita también. La escuela ______________ unos edificios muy modernos, y desde el patio se ______________ ver las montañas de los Alpes y también el lago Léman. Cuando ______________ en los fines de semana, ______________ por Ginebra. Todo era muy verde y ______________ muchos parques con monumentos y muchas iglesias protestantes también.

En Suiza, los edificios no ______________ muy altos, pero eran muy antiguos y ______________ un aspecto muy rústico, del norte de Europa. También ______________ muchas tiendas, bancos y relojerías. Lo que más ______________ era que ______________ chocolate suizo en todas las tiendas a las que íbamos, ¡y ______________ riquísimo!

Un día nos ______________ a ver Zurich, y una señora empezó a hablar con una de mis compañeras de clase, pero ella no la ______________ y nos dijo, "Esta señora habla un francés muy diferente." Nuestra profesora empezó a reírse muy fuerte y nos explicó que la señora ______________ en alemán, no en francés. Nosotras empezamos a reír también porque no ______________ que en Suiza se hablaba el alemán, el italiano y el francés. ¡Fue muy chistoso!

Paso 2

Read each statement and determine if it is *cierto* or *falso* based on the story in Paso 1.

cierto/falso 1. La escuela tenía edificios muy antiguos.

cierto/falso 2. Se podía ver los Alpes desde el patio de la escuela.

cierto/falso 3. En Ginebra había muchos monumentos, pero no había iglesias.

cierto/falso 4. A Lucero le encantaba el chocolate suizo.

cierto/falso 5. En Zurich, la gente hablaba en francés.

 Nombre ______

Ejercicio 8-20

Think of a country or city you have visited in the past. Write a short paragraph describing the buildings, streets, stores, restaurants, people, and other things that caught your attention.

______

______

______

______

______

______

______

Communication

I can describe places and things in the past.

EN AQUELLOS DÍAS

Narrando en el pasado

Ejercicio 8-21

Choose a time expression to introduce each sentence. There may be more than one possibility.

algunas veces	cuando yo era
cuando estábamos	en el pasado
cuando vivía	hace años

1. ______ un niño, mi familia íba a la playa todos los veranos.
2. ______ en la escuela, mi hermana y yo estudiábamos todas las tardes.
3. ______, visitábamos países extranjeros cada año, pero ahora no viajamos tanto.
4. ______, nos quedábamos en casa, pero si hacía buen tiempo salíamos a pasear.
5. ______, mis padres se lavantaban muy temprano para ir al gimnasio.
6. ______ en la República Dominicana, bebía jugo de frutas para desayunar.

Ejercicio 8-22

Determine whether each of the following statements is *lógico* or *ilógico*.

lógico/ilógico 1. Cuando tenía seis años, manejaba el carro de mi papá al colegio.

lógico/ilógico 2. Cuando vivíamos en el campo, teníamos gallinas, cerdos y vacas.

lógico/ilógico 3. Muchas veces, mi papá compraba pan para el desayuno.

lógico/ilógico 4. Cuando éramos niños, mi mamá nos daba dinero y nosostros nos comprábamos nuestra propia comida de la tienda.

lógico/ilógico 5. Cuando íbamos de vacaciones, siempre visitábamos a mis abuelitos.

lógico/ilógico 6. Cuando mi hermano tenía tres años, cocinaba la cena para la familia todos los días.

Ejercicio 8-23

Write at least four sentences describing things you remember about your family life in the past (e.g., preparing for school, meals, daily routine, etc.).

Modelo
Cuando era pequeño, mi mamá me llevaba a la escuela en carro.
Cuando era pequeño, cenábamos en casa todos los días.

____

____

____

____

____

____

____

____

____

____

Communication

I can describe memories and occurrences from the past.

CONEXIONES CULTURALES CON EL PASADO

El mercado que tenía de todo

Ejercicio 8-24

Paso 1

Read the *Conexiones culturales* feature on pages 262–63 of your textbook. Then determine whether each of the following statements is *cierto* or *falso*.

cierto/falso 1. El comercio era una parte importante de la economía azteca.

cierto/falso 2. Los aztecas producían todos los productos que necesitaban en el Valle de México.

cierto/falso 3. Durante el imperio azteca, casi todas las ciudades tenían un mercado.

cierto/falso 4. Hernán Cortés escribió que vio unas sesenta mil personas en el mercado.

cierto/falso 5. Cortés escribió que los productos en los mercados estaban muy desorganizados.

cierto/falso 6. En los mercados había mujeres que vendían comida ya preparada.

cierto/falso 7. Los mercados solamente tenían lo básico; no se vendían artículos de lujo.

cierto/falso 8. La esclavitud era parte del comercio en los mercados.

cierto/falso 9. La comida cultivada en las chinampas se transportaba al mercado en canoas.

cierto/falso 10. En el mercado no se permitía el entretenimiento; sólo se vendían y compraban cosas.

Paso 2

Answer the following questions with complete sentences in English.

1. Have you ever been to a street market? If not, have you seen one on TV, on the internet, or in a magazine?

   ____

2. What caught your attention?

   ____

3. What did you see that you could not find in a regular store?

   ____

4. Did you buy or want to buy anything? What was it?

   ____

Culture

I can describe the great market of Tlatelolco.

 Nombre ______________________

Diálogo 9-1: El fin de semana largo

Ejercicio 9-1

Match each leisure activity with the related place or item.

_____ 1. pasar por un museo en el metro de la CDMX
_____ 2. cantar con un grupo o conjunto de personas
_____ 3. subir a los juegos mecánicos
_____ 4. comer helado con tus amigos
_____ 5. aprender de otras culturas
_____ 6. pasear en el lago
_____ 7. observar los animales salvajes
_____ 8. mirar una competencia entre dos personas
_____ 9. comprar o leer libros
_____10. montar en un medio de transporte con dos ruedas

A. el zoológico
B. el Túnel de la Ciencia
C. el parque de atracciones
D. una librería
E. la lucha libre
F. una barca o una lancha
G. una rondalla
H. una heladería
I. una bicicleta
J. una fiesta de culturas indígenas

Ejercicio 9-2

Read the following phrases. Then read and listen to Diálogo 9-1 (pages 272–73 in your textbook). Write the word or phrase from the dialog that has the same meaning.

______________________ 1. a long weekend
______________________ 2. It's a good thing that _______.
______________________ 3. to get (ourselves) into the tunnel
______________________ 4. something very fun
______________________ 5. whereas, however
______________________ 6. They were empty.
______________________ 7. to get wet
______________________ 8. the birthday of
______________________ 9. a little bit
______________________10. web pages of things to do
______________________11. fights nor sports

Capítulo 9: Día libre en mi ciudad

Ejercicio 9-3

Read the following phrases from Diálogo 9-1. Translate the underlined word or phrase.

______________________ 1. El año pasado llovía mucho.

______________________ 2. Este año hace sol.

______________________ 3. Sí, recuerdo que había mucha gente.

______________________ 4. Y los museos y las cafeterías estaban llenos de gente.

______________________ 5. En cambio, los parques y el jardín botánico estaban vacíos.

______________________ 6. Porque nadie quería mojarse.

______________________ 7. ¡Hay un 50 por ciento de descuento en la entrada!

______________________ 8. Recuerda que el lunes tenemos que comprar ropa para la rondalla.

______________________ 9. Podemos sentarnos un ratito y tomar algo.

______________________ 10. No me apetece ver peleas ni deportes.

______________________ 11. Me parece bien.

______________________ 12. Volvemos y pasamos el día aquí en el parque.

Ejercicio 9-4

Read the following questions. Then read and listen to the dialog again. Answer the questions in English.

1. Who was Benito Juárez? (Use an encyclopedia if necessary.)

   ____

2. For what upcoming event do Temo and Lupita need to buy clothes?

   ____

3. Temo says they can sit down *un ratito.* What does *ratito* mean?

   ____

4. What is *lucha libre*?

   ____

5. How does Lupita respond when Temo brings up the idea of a watching a spectator sport like wrestling?

   ____

6. What do Lupita and Temo decide to do for their leisure activity on Saturday?

   ____

Interpretive reading and listening

I can understand Lupita and Temo's discussion about different leisure activities.

 Nombre ____________________

LAS FIESTAS Y EL OCIO

Las actividades de ocio

Ejercicio 9-5

Match each activity with the correct picture.

_____ 1. jugar al ajedrez

_____ 2. hacer fotos de la naturaleza

_____ 3. visitar el zoológico

_____ 4. pasear en barca por el lago

_____ 5. jugar al boliche

_____ 6. pasear en bicicleta por el parque

_____ 7. patinar sobre hielo

_____ 8. tomar un café

_____ 9. ir al parque de atracciones

_____10. visitar un museo

_____11. pasear con el perro por el parque

_____12. hacer un picnic

El parque temático

Ejercicio 9-6

Listen to the ride descriptions. Write the letter of each description in the first blank under the correct picture. Then in the second blank, label the ride as *emocionate* or *relajante*.

1. ________, ______________

2. ________, ______________

3. ________, ______________

4. ________, ______________

5. ________, ______________

6. ________, ______________

7. ________, ______________

8. ________, ______________

 Nombre ______________________________

Los deportes

Ejercicio 9-7

Choose the sport that best matches the description. Some will be used more than once.

el baloncesto	el béisbol	el boxeo	el ciclismo	el fútbol	la lucha libre

__________ 1. El árbitro hizo una señal con los brazos cuando el jugador llegó a la segunda base.

__________ 2. El mejor equipo en la cancha *encestó*[1] dos puntos más y ganó el partido.

__________ 3. La carrera es de sesenta millas y tiene muchas curvas, subidas y bajadas.

__________ 4. Había dos hombres en el cuadrilátero que *se golpeaban*[2] el uno al otro hasta que sonaba la campana.

__________ 5. Solamente faltaba un minuto cuando el delantero marcó un gol en la portería.

__________ 6. Si el luchador le dice "Me rindo" a su oponente, pierde la pelea.

__________ 7. Algunos jugadores saltan muy alto y *machacan*[3] la pelota en el *aro*[4].

__________ 8. Durante la novena entrada había jugadores del equipo visitante en tres de las bases del diamante.

__________ 9. Los emascarados intentaban tirar a sus oponentes a la lona.

__________ 10. El árbitro sacó la tarjeta roja porque el defensa paró la pelota con las manos.

Ejercicio 9-8

Write the letter of each description you hear next to the most logical picture.

____ 1. ____ 2. ____ 3.

____ 4. ____ 5. ____ 6.

[1] to score
[2] to hit each other
[3] to dunk (a ball)
[4] hoop

Ejercicio 9-9

9

Write a question to ask a friend if he or she would dare to participate in each activity pictured. Refer to textbook page 280 for more information.

Modelo
¿Te atreves a hacer bungee jumping?

1. ______________________________
2. ______________________________
3. ______________________________
4. ______________________________
5. ______________________________
6. ______________________________

Communication

I can talk about various kinds of leisure activities.

 Nombre ___________________________

¿CÓMO, CUÁNDO Y DÓNDE?

Explicando el contexto en el pasado

Ejercicio 9-10

Paso 1

You have the opportunity to travel the world. Choose the appropriate word to complete your description of the weather at each stop.

1. Estoy en Hawái de vacaciones. ¡Qué bonito está el día! Está _____________ (claro/oscuro).
2. Estoy despierto en la cama y no puedo dormir después de mi vuelo a Australia. Apenas son las cuatro de la mañana y todavía está _____________ (claro/oscuro) afuera.
3. Acaban de dar aviso de un ciclón tropical en el océano Pacífico. Hoy hace _____________ (buen tiempo/ mal tiempo) aquí en las islas de Samoa.
4. Estoy en Siberia donde _____________ (nieva/llueve) mucho. Todo a mi alrededor es de color blanco.
5. Estoy caminando en el desierto de Arizona durante el verano. Hace mucho _____________ (calor/fresco).
6. Estoy en la playa en Puerto Rico y hay olas muy grandes. Hace suficiente _____________ (viento/calma) para volar una cometa en el aire.
7. Estoy en la selva tropical de Panamá. _____________ (Llueve/Nieva) sin parar durante días.

Paso 2

You are back home again, describing your many travel experiences to your friends. Use the information from the corresponding sentences in Paso 1 to complete your descriptions of the past.

1. Estaba en Hawái de vacaciones. ¡Qué bonito era el día! _____________ _____________.
2. Estaba despierto en la cama y no podía dormir después de mi vuelo a Australia. Apenas eran las cuatro de la mañana y todavía _____________ _____________ afuera.
3. Dieron aviso de ciclón tropical en el océano Pacífico. Ese día _____________ _____________ _____________ allá en las islas de Samoa.
4. Estaba en Siberia, donde _____________ mucho. Todo a mi alrededor era de color blanco.
5. Estaba caminando en el desierto de Arizona durante el verano. _____________ mucho _____________.
6. Estaba en la playa en Puerto Rico y había olas muy grandes. _____________ suficiente _____________ para volar una cometa en el aire.
7. Estaba en la selva tropical de Panamá. _____________ sin parar durante días.

Ejercicio 9-11

Indicate whether the answer is likely *cierto* or *falso* based on the season and place. If the statement is likely *falso*, rewrite the sentence to make it *cierto*.

cierto/falso 1. El verano pasado en México hacía demasiado frío y nevaba casi todos los días.

____

cierto/falso 2. La primavera pasada en el Caribe hacía buen tiempo.

____

cierto/falso 3. El otoño pasado en Nueva Inglaterra hacía fresco, estaba nublado, y llovía.

____

cierto/falso 4. El invierno pasado en el Canadá hacía muchísimo sol y calor.

____

Ejercicio 9-12

Answer the following questions based on your own experiences.

1. ¿Qué tiempo hacía el verano pasado?

____

2. ¿Qué tiempo hacía ayer cuando saliste de la escuela? ¿Hacía frío, calor, fresco, sol o viento?

____

3. ¿Qué tiempo hacía el otoño pasado? ¿Estaba nublado, hacía mucho viento, o llovía mucho?

____

4. ¿Cómo estaba el cielo cuando te dormiste anoche? ¿Estaba oscuro, claro o nublado?

____

5. ¿Qué tiempo hacía durante las Navidades pasadas? ¿Nevaba mucho durante las Navidades?

____

 Nombre ______________________________

Ejercicio 9-13

You and your friends are playing a detective game and need to find out where everyone was at a certain time of the day. Answer each question with the necessary details.

Modelo
¿Dónde estabas cuando eran las seis de la mañana?
—Cuando eran las seis de la mañana, estaba en la cama.

1. ¿Dónde estabas ayer cuando eran las doce y cuarto del mediodía?

____

2. ¿Con quién estabas?

____

3. ¿Qué hacías ayer cuando eran las doce y cuarto del mediodía?

____

4. ¿Había mucha o poca gente en el lugar donde estabas? ¿Qué hacía la gente?

____

5. ¿Qué más había en el lugar donde estabas? ¿Había muebles (mesas y sillas)? ¿Había escritorios?

____

Ejercicio 9-14

Describe what it was like when you started your first class this morning. Include the time, the weather, where you were, and what was around you. Include anything unusual that occurred in class. Use connectors (*y*, *pero*, *también*) as needed.

Modelo
Cuando comencé la clase esta mañana, eran las ocho. Estaba en la clase de matemáticas y afuera hacía sol. Había once personas conmigo en la clase. Estaba sentado al lado de mi amigo. El profesor repartió el examen, y aunque era difícil, saqué una buena nota.

____

____

____

____

____

____

____

CONEXIONES CULTURALES CON EL PRESENTE

Pasando el tiempo sin prisa

Ejercicio 9-15

Read the *Conexiones culturales* feature on pages 284–85 of your textbook and determine whether each statement is *cierto* or *falso*.

cierto/falso 1. Las familias de las culturas hispanas disfrutan de pasar tiempo separados.

cierto/falso 2. El *saludo*[1] solamente consiste en decir "hola" a los otros miembros de la familia.

cierto/falso 3. *Pasar el tiempo sin prisa* se refiere a la manera en la que las familias prefieren hacer las cosas.

cierto/falso 4. Es raro encontrar vendedores de comida en los parques o en las plazas en Latinoamérica o en España.

cierto/falso 5. Otro nombre para los centros comerciales son *las plazas comerciales*.

Ejercicio 9-16

Indicate whether each statement is *cierto* or *falso* based on the *Conexiones culturales* feature on pages 284–85 of your textbook.

1. What is a *puente festivo*? Do we have anything similar in the United States?

____

____

2. Why do you think Spanish speakers refer to roller coasters as *montañas rusas*? Look up "roller coaster" in an encyclopedia and record your findings.

____

____

3. Notice the speed of the Cascabel roller coaster. How fast is 90 kilometers per hour in miles per hour? Which roller coaster goes close to 28 miles per hour?

____

____

Culture

I can give examples of how families spend free time in Spanish-speaking countries.

[1] greeting

Diálogo 9-2: Ser creyente de verdad

Ejercicio 9-17

Read the following definitions and match each one to the correct word from the list below.

coro	fiesta	intranquilo	peligro	Semana Santa
creyente	hogar	obrando	predicó	sorpresa

____________________ 1. asombro, extrañeza, exclamación o consternación

____________________ 2. un grupo de personas que canta piezas de música

____________________ 3. el que tiene fe en Jesucristo

____________________ 4. hacer algo, causar o producir un efecto

____________________ 5. proclamar y dar a conocer la Palabra de Dios

____________________ 6. el lugar donde vive la familia

____________________ 7. los días inmediatamente antes de la muerte y resurrección de Jesucristo

____________________ 8. falto de paz, impaciente o nervioso

____________________ 9. conmemoración de un acontecimiento o persona especial

____________________ 10. *el riesgo*[1] o la posibilidad inminente de algún mal

Ejercicio 9-18

Read and listen to Diálogo 9-2 (pages 286–87 in your textbook). Write the phrase from the dialog that has the same meaning.

______________________________ 1. I needed these days.

______________________________ 2. I trusted Christ.

______________________________ 3. I would pay attention.

______________________________ 4. And you weren't aware of it?

______________________________ 5. He was working.

______________________________ 6. How did you realize it?

______________________________ 7. by being born into a Christian home

______________________________ 8. There had to be a specific day.

______________________________ 9. you become accustomed to

______________________________ 10. I was going to heaven.

______________________________ 11. I needed to repent.

[1] risk

9

Ejercicio 9-19

Read and listen to Diálogo 9-2 again. Answer the following questions in English, unless otherwise indicated.

1. What does the exclamation *¡Qué bien lo pasé!* mean?

   ____

2. How does Temo express the idea of trusting Christ in Spanish?

   ____

3. How long ago did Temo trust Christ?

   ____

4. Everyone thought that Temo was already a believer. What verb does the word *creyente* come from?

   ____

5. Temo had thought he was a believer because of several habits. How many does he list? Does he use the preterite or imperfect tense to describe these activities?

   ____

6. Why did Temo go to church?

   ____

7. Something started happening in Temo's life. List the three ways he describes this time in Spanish.

   ____

8. One Sunday, Temo realized he was not a believer. What two things from the pastor's sermon stood out to him?

   ____

   ____

9. What does Temo say happened when the *rondalla* started to sing *"Me hirió el pecado, fui a Jesús"*?

   ____

10. Why did Lupita think she was going to heaven?

    ____

11. What two things did Lupita's mother explain that helped her realize she was not going to heaven?

    ____

Interpretive reading and listening

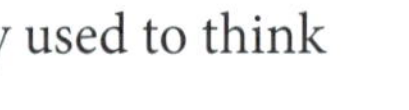

I can understand Temo and Lupita's discussion about what they used to think before trusting Christ.

 Nombre ____________________

LA RUTINA

Describiendo la rutina en el pasado

Ejercicio 9-20

Match each description you hear with the appropriate image.

____ 1.

____ 2.

____ 3.

____ 4.

____ 5.

____ 6.

____ 7.

____ 8.

Ejercicio 9-21

Choose the most logical habit to complete each sentence.

A. caminaba a la escuela
B. almorzaba
C. me iba a la cama
D. desayunaba cereal
E. me levantaba
F. volvía a casa
G. cenaba
H. hacía
I. practicaba
J. me despertaba

_____ 1. El año pasado por lo general yo _______ a las seis de la mañana.
_____ 2. Aunque me despertaba as las seis, no _______ hasta las seis y cuarto.
_____ 3. _______, pan tostado y jugo de naranja.
_____ 4. _______ cada mañana. Tardaba como veinte minutos en llegar.
_____ 5. A las doce y cinco _______ con mis amigos en la cafetería todos los días.
_____ 6. _______ a las tres de la tarde, menos los lunes, cuando tenía que practicar deporte.
_____ 7. _______ a las cinco y media con mi familia.
_____ 8. _______ una hora de piano los martes y los jueves.
_____ 9. _______ una hora y media de tarea en mi habitación.
_____10. Si no tenía un examen al día siguente, _______ a las once.

Ejercicio 9-22

Paso 1

One of Temo's friends, Augustín, went to a Christian camp in Mexico. Read about his camping experience and then answer the questions in Paso 2.

El verano pasado fui a un campamento con mi iglesia. Era la primera vez que asistía a un campamento cristiano, y fue una experiencia bastante agradable. No sabía qué se hacía en los campamentos o lo que me esperaba. Cuando llegamos, cada quien escogía su cama. Luego, después de *desempacar*[1] la maleta, todos los jóvenes se reunieron con los jóvenes de las otras iglesias en la capilla. Allí nos dieron el horario de la semana.

Todas las mañanas a las siete nos despertaban con una grabación del *canto de un gallo*[2]. ¡Era imposible seguir durmiendo! Me vestía, me peinaba, y hacía mi cama. Todos los chicos en mi cabaña participábamos en la limpieza de la cabaña. La cabaña más limpia de todas ganaba la competencia. Siempre ganaban las chicas. Me parecía que para ellas era más fácil ganar en esa competencia.

Luego desayunaba huevos *rancheros*[3], frijoles y café con leche. También había tortillas calientes en la mesa para todos. Me gustaba la comida del campamento.

Después nos daban media hora para leer de la Palabra de Dios y orar. Leía un devocional escrito para jóvenes y contestaba todas las preguntas.

Después de la predicación de la mañana, todos los jóvenes jugábamos al vóleibol, pero con una pelota enorme. ¡El tamaño de la pelota era más de un metro de diámetro! Para pegar a la pelota se necesitaba, por lo menos, dos o tres personas. Yo le pegaba con todas mis fuerzas para pasar la red de vóleibol.

Siempre había una actividad por la tarde. Una de las actividades era la competencia de *jalar la soga*[4]. El equipo que perdía tenía que pasar a través de un hoyo de *lodo*[5]. Afortunadamente, ganamos el evento, pero los del otro lado estaban completamente cubiertos de lodo.

Cada noche, había un servicio especial. Cantábamos himnos y escuchábamos testimonios y una predicación. Luego había una *fogata*[6] donde nos reuníamos y cantábamos con guitarra. *No me olvidaré nunca*[7] de esa semana de campamento. Hice mucho amigos cristianos que me *animaron*[8] en mi vida espiritual.

[1] to unpack
[2] crowing of a rooster
[3] ranch-style
[4] tug of war
[5] mud
[6] campfire
[7] I will never forget
[8] to encourage

Capítulo 9: Día libre en mi ciudad

9

Paso 2

Read each statement and determine whether it is *cierto* or *falso* based on the story in Paso 1.

cierto/falso 1. Augustín iba al campamento todos los veranos.

cierto/falso 2. Los campistas tenían que escoger sus camas cada mañana.

cierto/falso 3. Él se despertaba a las siete cada mañana con una grabación del canto de un gallo.

cierto/falso 4. Augustín no tenía que participar en la limpieza de la cabaña porque las chicas ganaban.

cierto/falso 5. Él desayunaba huevos rancheros, frijoles, tortillas y café.

cierto/falso 6. Augustín leía la Palabra de Dios y oraba después del desayuno.

cierto/falso 7. Él jugaba al vóleibol cada mañana con solamente dos o tres amigos.

cierto/falso 8. Augustín partcipó en la competencia de jalar la soga, y su equipo ganó.

cierto/falso 9. Augustín se reunía con todos los jóvenes después del servicio de la noche.

cierto/falso 10. Él hizo pocos amigos durante la semana de campamento.

Paso 3

Answer the following questions about your own routines while at camp or on a trip.

1. ¿A qué hora te levantabas?

____

2. ¿A qué hora desayunabas?

____

3. ¿Qué actividades había por las mañanas? ¿Te daban tiempo libre?

____

4. ¿Qué hacías por las tardes?

____

5. ¿A qué hora de la noche te dormías?

____

Ejercicio 9-23

Write a paragraph detailing a typical school day last year. Include the times from when you got up to when you went to bed. Be sure to use the imperfect for describing routines and ongoing actions in the past.

Modelo
El año pasado me levantaba todos los días a las seis para ir a la escuela. Desayunaba más o menos a las siete de la mañana y después iba a la escuela. La primera clase que tenía era la clase de Biblia a las ocho. Después tenía matemáticas a las nueve, y luego tenía una hora libre. Tenía que ir a capilla a las once y después almorzaba con mis amigos a las doce del mediodía. . . .

____

____

____

____

____

____

____

____

____

____

____

Communication   

I can talk about my habits or routines in the past.

9

HABLABA Y PENSABA COMO NIÑO

Expresando cómo pensábamos en el pasado

Ejercicio 9-24

Read each statement and decide whether how each person used to think would have been logical, given the person's age at the time.

lógico/ilógico 1. Cuando tenía cinco años, Carolina creía que su papá era el hombre más fuerte del mundo.

lógico/ilógico 2. Cuando tenía cinco años, Raúl creía que las *cigüeñas*[1] traían a los bebés a las familias.

lógico/ilógico 3. Cuando tenía quince años, Ximena creía que la escuela era para toda la vida.

lógico/ilógico 4. Cuando tenía cinco años, Adrián pensaba que había tiburones en la piscina de su casa.

lógico/ilógico 5. Cuando tenía quince años, Cecilia creía que la leche de chocolate venía de una vaca de color marrón.

lógico/ilógico 6. Cuando tenía cinco años, Emilio pensaba que los maestros vivían en la escuela.

lógico/ilógico 7. Cuando tenía quince años, Francisco creía que el mundo era plano.

lógico/ilógico 8. Cuando tenía quince años, Ernesto pensaba que la luna estaba *hecha de*[2] queso.

Ejercicio 9-25

Write the correct verbs. Some answers may be used more than once.

creía	entendías	pensabas
creíamos	pensaban	te dabas cuenta

1. Cuando tenía diez años, yo __________________ que Santa Claus traía regalos a todo el mundo.
2. Cuando tenía cinco años, mis papás __________________ que yo iba a ser el presidente de los Estados Unidos algún día.
3. Cuando tú tenías cinco años, ¿qué __________________ de tus maestros?
4. Cuando eras pequeño, ¿__________________ de cuánto te amaban tus papás?
5. Cuando tus papás te leían la Biblia, ¿__________________ todo lo que te decían?
6. Nosotros __________________ todo lo que nos decían cuando teníamos cinco años.

[1] storks
[2] made of

 Nombre ____________________

Ejercicio 9-26

Answer the questions in Spanish. Use complete sentences.

1. ¿Qué pensabas de tus hermanos cuando eras niño? ¿Pensabas que eran muy inteligentes?

   ____

2. ¿Qué pensabas de la escuela cuando eras niño? ¿Te gustaba? ¿Estabas nervioso la noche antes?

   ____

3. ¿Qué querías ser cuando eras más pequeño? ¿Querías ser como tus papás?

   ____

4. ¿Qué pensabas de las verduras cuando eras niño? ¿Te las comías? ¿Las odiabas?

   ____

Las palabras *por* y *para*

Ejercicio 9-27

Paso 1

Read the sentence and select the use of the word *por*.

1. Compraba sandalias nuevas **por** veinte dólares, y las vendía **por** treinta dólares. (precio / distribución)
2. El año pasado tomaba clases **por** internet. (causa, motivo o razón / medio, modo)
3. Estuvimos de vacaciones **por** tres semanas, y regresamos a casa. (tiempo aproximado / lugar)
4. Dejó de comer mucha grasa **por** razones de salud. (causa, motivo o razón / intercambio)
5. El coche pasó **por** el tunel en la montaña. (medio, modo / velocidad)
6. ¡Despega a noventa kilómetros **por** hora, y siente las vueltas del Cascabel! (medio, modo / velocidad)
7. Ojo **por** ojo, diente **por** diente. (causa, motivo o razón / intercambio)

Paso 2

Read the sentence and select the use of the word *para*.

1. Esperamos ir a México **para** las navidades. (destino / finalidad, propósito)
2. Salimos **para** Cuernavaca mañana. (destino / finalidad, propósito)
3. Esoty ahorrando dinero **para** comprar un carro nuevo. (destinatario / finalidad, propósito)
4. Este postre es **para** mi amiga. (destinatario / destino)
5. **Para** mi hermano menor, el helado de vainilla es el más rico. (destinatario / opinión)

Capítulo 9: Día libre en mi ciudad

9

Paso 3

Write *por* or *para* to complete each sentence. Then select the use of the word you chose.

Modelo
La lanchita pasó __por__________ las cataratas donde todos se mojaron. (lugar / destino)

1. El Vertical Twister es un paseo a cuarenta y cinco kilómetros ______________ hora. (velocidad / destino)
2. Tengo que estudiar mucho ______________ aprobar el exámen. (intercambio / finalidad, propósito)
3. Las flores son ______________ tu mamá. (distribución / destinatario)
4. Vamos a estar de viaje ______________ dos o tres semanas. (tiempo aproximado / tiempo límite)
5. En el aeropuerto me vendieron una botella de agua ______________ siete dólares. (precio / destinatario)
6. Enrique mandaba los textos a sus amigos ______________ teléfono celular. (medio, modo / destinatario)
7. ______________ mí, el fútbol es el mejor deporte. (causa, motivo o razón / opinión)
8. ______________ ser cristiano, le *hacían burla*[1] de sus creencias. (causa, motivo o razón / opinión)
9. Nos encantó pasear ______________ el jardín botánico. (lugar / destinatario)
10. Salimos ______________ la iglesia en quince minutos. (tiempo aproximado / destino)
11. Cuando el delantero se cansó de correr tanto, le sustituyeron ______________ otra persona. (intercambio / destinatario)
12. En la escuela dieron una paleta ______________ niño en el Día del Niño. (distribución / destino)

Communication

I can express how I used to think about something in the past.

[1] to make fun of

 Nombre ______________________________

CONEXIONES CULTURALES CON EL PASADO

El alimento de los dioses

Ejercicio 9-28

Read the *Conexiones culturales* feature on pages 296–97 of your textbook and determine whether each statement about the Aztec is *cierto* or *falso*.

cierto/falso 1. Los aztecas existieron antes que los mayas, los toltecas y los de Teotihuacán.

cierto/falso 2. Los aztecas ofrecían sacrificios humanos en el Templo Menor.

cierto/falso 3. Moctezuma II sacrificaba a sus enemigos para mostrar su gran poder.

cierto/falso 4. Los sacerdotes aztecas se vestían como sus dioses.

cierto/falso 5. Los aztecas tocaban tambores y conchas durante sus ceremonias.

cierto/falso 6. Los aztecas creían que Dios creó el mundo, el sol y la luna.

cierto/falso 7. Los aztecas creían que era necesario alimentar al sol con sus sacrificios.

cierto/falso 8. Solamente los aztecas hacían sacrificios humanos.

cierto/falso 9. Los aztecas siempre intentaban matar a sus enemigos durante la batalla.

cierto/falso 10. Cuando Hernán Cortés llegó a México, quería terminar con los sacrificios humanos.

cierto/falso 11. El templo sagrado de los aztecas estaba manchado de sangre por todas partes y tenía ídolos horríficos.

cierto/falso 12. Los aztecas dejaron de ofrecer los sacrificios humanos porque los españoles se lo pidieron.

Culture 

I can describe the Aztec ritual of human sacrifice and how it came to an end.

Diálogo 10-1: Viaje al pasado

Ejercicio 10-1

Read and listen to Diálogo 10-1 (pages 308–9 in your textbook). Then write the words or phrases from the dialog that mean the following.

____________________ 1. price

____________________ 2. transfer

____________________ 3. give me

____________________ 4. suitcase

____________________ 5. ticket

____________________ 6. plenty of time

____________________ 7. to pick up

____________________ 8. hand me (something)

____________________ 9. magazine

____________________ 10. sandwich

____________________ 11. railway track

____________________ 12. train platform

____________________ 13. escalator

____________________ 14. There's no rush.

Ejercicio 10-2

Paso 1

Read and listen to Diálogo 10-1 again. Then match each description to the correct item from the word bank.

12:35	€59.74	Chamartín	Granada
14:35	AVE	clase preferente	Puerta de Atocha

____________________ 1. the mode of transportation Edu and Pili are using

____________________ 2. Eduardo and Pilar's destination

____________________ 3. the student rate for a ticket

____________________ 4. the type of ticket Eduardo buys

____________________ 5. the station where the train stops in Madrid

____________________ 6. the station Edu and Pili must transfer to in Madrid

____________________ 7. their time of arrival in Madrid

____________________ 8. the time the next train departs Madrid for Granada

Paso 2

Answer the following questions about Diálogo 10-1 in English. Use complete sentences.

1. Who will be picking Eduardo and Pilar up at the Granada train station?

____

2. What time will Eduardo and Pilar arrive in Granada?

____

3. What time did Eduardo tell Pastor Rodríguez they would be arriving?

____

4. What type of ticket was Eduardo originally going to buy?

____

5. Why did Eduardo buy *clase preferente* tickets?

____

6. What platform does the train to Granada leave from at the Atocha station?

____

7. How do they get to the platforms?

____

8. Why does Eduardo want to go straight to the train?

____

9. What does Eduardo want to check out once he gets on the train?

____

10. Why does Pilar say there is no rush to get to the train?

____

Interpretive reading and listening	
I can understand Eduardo and Pilar's conversation about their train trip.	

 Nombre ______________________________

VIAJAR EN TREN DE ALTA VELOCIDAD

Ejercicio 10-3

Match each definition to the correct term.

_____ 1. cambiar de un tren a otro o de una estación a otra

_____ 2. parte del tren donde los pasajeros viajan

_____ 3. la persona que maneja el tren

_____ 4. tipo de silla para los viajeros de un medio de transporte

_____ 5. tren de alta velocidad

_____ 6. raíl especialmente diseñado para los trenes

_____ 7. el vagón que tiene el motor y en el que el maquinista maneja

_____ 8. plataforma donde los viajeros esperan para abordar el tren

_____ 9. sustancias que degradan el aire

_____ 10. tarjeta de papel o electrónica que permite usar un medio de transporte

A. el asiento
B. el vagón
C. la locomotora
D. la contaminación
E. la vía
F. el andén
G. el AVE
H. el billete
I. el trasbordo
J. el maquinista

Ejercicio 10-4

Underline the word that does not belong.

1. vagón / locomotora / cafetería / pasajero
2. vía / billete / estación / andén
3. trasbordo / maquinista / viaje / billete
4. bocadillo / tren / AVE /andén
5. pasajero / bocadillo / cafetería / vía

Communication			
I can identify parts of a high-speed train and parts of a train station.			

PREPARANDO EL VIAJE

Los mandatos informales

Ejercicio 10-5

Indicate whether each sentence you hear is a statement (*afirmación*), a command (*mandato*), or a question (*pregunta*).

1. afirmación / mandato / pregunta
2. afirmación / mandato / pregunta
3. afirmación / mandato / pregunta
4. afirmación / mandato / pregunta
5. afirmación / mandato / pregunta
6. afirmación / mandato / pregunta
7. afirmación / mandato / pregunta
8. afirmación / mandato / pregunta

Ejercicio 10-6

Complete each sentence with the informal (*tú*) command form of the correct verb from the word bank. Then match the command with the most logical picture.

comer	correr	jugar	leer	levantarse	mirar

_____ 1. ¡_______________ al libro! Es importante.

_____ 2. ¡_______________ con la pelota en la calle!

_____ 3. ¡_______________ las noticias de hoy!

_____ 4. _______________ más rápido.

_____ 5. ¡_______________! ¡Es tarde!

_____ 6. _______________ comida más *sana*[1].

A

B

C

D

E

F

[1] healthy

Ejercicio 10-7

Paso 1

Read what each student says about his or her personal life and respond with appropriate advice. Use informal (*tú*) commands.

1. **Juan:** Estoy muy cansado porque juego con videojuegos hasta las tres de la mañana.

   ____

2. **Manuel:** La semana que viene tengo un examen de francés y no me sé los verbos en pasado.

   ____

3. **Luisa:** Hace dos días que no como nada. No sé qué me pasa, pero no tengo hambre y me siento débil.

   ____

4. **Fernando:** Hace dos años que no veo a mis abuelos. Nunca tengo tiempo para visitar a mi familia.

   ____

5. **Teresa:** Quiero pedir permiso para salir de clase temprano, pero tengo un poco de vergüenza.

   ____

Paso 2

You are having dinner with friends at a restaurant. Write an appropriate request for each situation, using the informal (*tú*) command form of the verb provided.

Modelo
Quieres leer el menú. El menú está al lado de Juan. (pasar)
Juan, pásame el menú, por favor.

1. La comida necesita más sal. El salero está al lado de Pedro. (pasar)

   ____

2. Ya no tienes agua en el vaso. La botella de agua está al lado de Irene. (alcanzar)

   ____

3. Necesitas una servilleta. Las servilletas están al lado de Sergio. (dar)

   ____

4. El mesero no te trajo un cuchillo. Luis ya terminó de usar su cuchillo. (prestar)

   ____

5. Todavía tienes hambre y quieres un poco de puré. El puré de papas está al lado de Marta. (servir)

   ____

Mandatos negativos (tú)

Ejercicio 10-8

Complete each sentence with the negative informal (*tú*) command form of the correct verb from the word bank. Then match the command with the most logical drawing.

comer	correr	jugar	leer	levantarse	molestar

_____ 1. ¡No _______________ el libro sin lentes! Te puede afectar la vista.

_____ 2. ¡No _______________ con la pelota en la calle! Es peligroso.

_____ 3. No me _______________. Quiero leer el periódico tranquilamente.

_____ 4. No _______________ tanto. Te vas a cansar mucho.

_____ 5. ¡No _______________ tarde! Tienes que ir a la escuela.

_____ 6. No _______________ comida rápida. Vas a *engordar*[1].

A

B

C

D

E

F

[1] to gain weight

 Nombre ______________________

Ejercicio 10-9

You are in charge of organizing a party. Pedro offers to do some things to help, but you prefer that he help with other things (indicated in the chart below). Respond to each offer, using both a negative and a positive informal (*tú*) command.

	comprar los sandwiches
1	traer las sodas
2	organizar la comida
3	llegar a las 5:00
4	sacar fotos durante la fiesta
5	encargar los bocadillos
6	empezar la fiesta con una bienvenida
7	apagar las velas después de la fiesta

Modelo
Pedro: Puedo comprar las pizzas.
Tú: No compres las pizzas. Compra los sandwiches.

1. **Pedro:** Puedo traer patatas fritas.
   Tú: ______________________________
2. **Pedro:** Puedo organizar las mesas.
   Tú: ______________________________
3. **Pedro:** Puedo llegar a las 6:00 para ayudar.
   Tú: ______________________________
4. **Pedro:** Puedo sacar fotos después de la fiesta.
   Tú: ______________________________
5. **Pedro:** Puedo encargar el pastel.
   Tú: ______________________________
6. **Pedro:** Puedo empezar la fiesta con una canción.
   Tú: ______________________________
7. **Pedro:** Puedo apagar las velas durante la fiesta.
   Tú: ______________________________

Mandatos irregulares (tú)

Ejercicio 10-10

Paso 1

Marta is going to spend a few days with her cousin in Bilbao, Spain. Listen to her conversation with her mother as she prepares for the trip. Complete each sentence with the verb form you hear.

Mamá: __________________ de saludar a tu tía. __________________ que voy a ir a visitarla en el verano. Y __________________ de organizar el armario; __________________ la maleta, y yo me encargo del armario.

Marta: ¡Mamá! __________________, necesito ayuda con la maleta. No sé dónde poner *la ropa interior*[1].

Mamá: __________________ la ropa interior en una bolsa de plástico. __________________ esta bolsa transparente.

Marta: Gracias. Mamá, __________________ el champú, por favor.

Mamá: ¿Dónde está?

Marta: __________________ al baño; creo que está en el lavabo, junto al cepillo de dientes.

Mamá: No __________________ tarde. __________________ con tiempo de sobras. Hoy es viernes y hay mucho tráfico.

Marta: No te preocupes.

Mamá: Llámame esta noche, y __________________ a casa de tus amigas primero. __________________ directamente a casa de tu tía.

Marta: Sí, mamá. No planeaba ir a casa de mis amigas hasta el domingo.

Mamá: __________________ a la calle sin abrigo, y __________________ una *bufanda*[2]. En Bilbao hace mucho frío.

Marta: Sí, mamá. No te preocupes más. Y __________________ miedo. Todo va a ir bien.

[1] underwear
[2] scarf

 Nombre ______________________

Paso 2

Underline the statement that is true based on the information in Paso 1.

1. Marta tiene que _______.
   A. saludar a su tía
   B. organizar su armario
   C. viajar en el verano

2. La mamá de Marta va a _______.
   A. saludar a la tía de Marta
   B. organizar el armario de Marta
   C. hacer la maleta de Marta

3. Marta necesita _______.
   A. ayuda con la maleta
   B. llamar por teléfono
   C. el cepillo de dientes

4. Marta tiene que _______.
   A. salir tarde
   B. ir a casa de su tía primero
   C. llamar a sus amigas

5. Marta tiene que _______.
   A. salir a la calle
   B. ponerse un abrigo antes de salir
   C. ponerse calcetines antes de salir

6. La mamá de Marta tiene que _______.
   A. *dejar de*[1] preocuparse
   B. ir a Bilbao
   C. hacer el viaje bien

[1] to stop (doing something)

Ejercicio 10-11

Paso 1

Natanael is thinking about traveling and getting to know other countries. While he is researching his options, he comes across the following blog post. Select the correct verbs to complete the blog post.

¡Hola!

Viajar es una actividad que más jóvenes están experimentando. Visitar países es una aventura y ofrece muchos beneficios, pero viajar no es tan simple como puede parecer a primera vista. Hoy quiero compartir contigo unos consejos prácticos para tener una buena experiencia. ¿Estás listo?

Número uno, si es la primera vez que viajas a otro país, no ______________ (vayas/salgas/tengas) a un país donde no hablan una lengua que sabes. La barrera del idioma puede causar frustraciones innecesarias. Número dos, ______________ (estudia/toma/decide) qué país vas a visitar y ______________ (pon/haz/di) una lista de los lugares más emblemáticos de ese país. Muchos países tienen una cultura y una historia muy interesantes. En tercer lugar, ______________ (visita/vende/acaba) la página web de la embajada de tu país en el país que quieres visitar. Las embajadas tienen mucha información y buenos consejos para los turistas. No ______________ (pongas/tengas/hagas) miedo de llamar por teléfono y hablar con un empleado de la embajada para informarte antes de viajar. También ______________ (diles/llévales/pregúntales) en qué fechas planeas viajar y cuántos días piensas estar en el país.

No ______________ (pongas/tengas/hagas) las reservas de avión y del hotel una semana antes. Es más barato comprar con meses o incluso un año *de antelación*[1]. Mi consejo es el siguiente: ______________ (sal/ve/sé) a una agencia de viajes de tu ciudad y ______________ (discute/habla/aprende) con un agente de viajes; los agentes te pueden ayudar a escoger las mejores opciones. Si tu conversación con el agente es positiva y decides viajar, ______________ (pon/ten/sal) un depósito del 10% para reservar el paquete turístico. No ______________ (pongas/tengas/hagas) más del 10% o el 15% en ese momento; siempre puedes pagar el resto un mes antes de hacer el viaje. Y mi último consejo es el siguiente: ______________ (ven/haz/ve) una póliza de seguros por si acaso surge algún imprevisto y tienes que cancelar el viaje. Los seguros de viaje son económicos.

[1] in advance

 Nombre ______________________

Paso 2

Find the words or phrases in the Paso 1 text. Read the context and choose the closest meaning.

1. a primera vista
   A. the first time
   B. at first sight
   C. at the first opportunity
2. incluso
   A. included
   B. on top of
   C. even up to
3. poliza de seguros
   A. insurance
   B. policy
   C. police
4. surge
   A. surges
   B. emerges
   C. resurgence
5. por si acaso
   A. in this case
   B. just in case
   C. there is no case
6. imprevisto
   A. unexpected
   B. casual
   C. unsuspected

Paso 3

Read each statement and determine whether it is *cierto* or *falso* based on the information in Paso 1.

cierto/falso 1. Los jóvenes de hoy día viajan más a otros países.

cierto/falso 2. Nunca hay problemas en los viajes a otros países.

cierto/falso 3. En tu primera experiencia viajando es mejor visitar un país donde se habla una lengua que sabes.

cierto/falso 4. Es bueno hacer una lista de sitios que quieres visitar en el país de destino.

cierto/falso 5. Las páginas web de las embajadas no ayudan en nada.

cierto/falso 6. Es mejor no compartir tus planes de viaje con los empleados de tu embajada.

cierto/falso 7. Es mejor hacer las reservas con meses o un año de antelación.

cierto/falso 8. Sacar un seguro no es necesario y cuesta mucho dinero.

Ejercicio 10-12

Paso 1

Match each statement with the most logically related command.

_____ 1. Quiero saber lo que pasó.
_____ 2. Necesito un favor.
_____ 3. Hace mucho frío.
_____ 4. Quiero leer algo.
_____ 5. Quiero ir contigo.
_____ 6. Necesitan oír las buenas noticias.

A. Diles lo que pasó.
B. Hazme un favor.
C. Dame la revista.
D. ¡Espérame!
E. Dime lo que pasó.
F. Ponte el abrigo.

Paso 2

Match each command with the most logically related reason.

_____ 1. No les digas lo que pasó.
_____ 2. No me hagas un favor.
_____ 3. No me des la revista.
_____ 4. No me esperes.
_____ 5. No me digas lo que pasó.
_____ 6. No te pongas el abrigo.

A. No quiero saber lo que pasó.
B. No hace nada de frío.
C. No quiero leer nada.
D. No necesitan oír las noticias.
E. No puedo ir contigo.
F. No necesito un favor.

Communication			
I can give instructions and ask people to do things.			

CONEXIONES CULTURALES CON EL PRESENTE

El mundo hispano

Ejercicio 10-13

Read the *Conexiones culturales* feature on pages 320–21 of your textbook, then determine whether each statement about the Spanish language is *cierto* or *falso*.

cierto/falso 1. Los españoles no entienden el español de México.

cierto/falso 2. La *z*, *ce* y *ci* se pronuncian diferente en España.

cierto/falso 3. La forma *vosotros* solamente se usa en Madrid y las grandes ciudades de España.

cierto/falso 4. Las palabras *ordenador* y *computadora* se refieren a diferentes tipos de computadoras.

cierto/falso 5. España y Latinoamérica comparten muchas celebraciones religiosas.

cierto/falso 6. A los españoles no les gusta la literatura ni la música de Latinoamérica.

cierto/falso 7. Muchas comidas latinas son famosas y gustan en todos los países hispanohablantes.

cierto/falso 8. Las iglesias católicas en España y Latinoamérica se construyeron en lugares centrales.

cierto/falso 9. Los nativos no trabajaron ni pagaron impuestos a los *terratenientes*[1].

cierto/falso 10. España y Latinoamérica tienen *lazos*[2] culturales *más allá*[3] de la lengua y la cultura.

Ejercicio 10-14

Indicate whether each word or item is associated with Latin America, Spain, or both.

____________________ 1. ordenador

____________________ 2. computadora

____________________ 3. siesta

____________________ 4. vosotros

____________________ 5. el Día del Padre

____________________ 6. ceviche

____________________ 7. latifundio

____________________ 8. el Día de los Muertos

Culture			
I can name some similarities between Spain and Latin America.			

[1] landlords
[2] ties, bonds
[3] beyond

 Nombre ____________________

Diálogo 10-2: Granada y el año 1492

Ejercicio 10-15

Read and listen to Diálogo 10-2 (pages 322–23 in your textbook). Then write the words or phrases from the dialog that mean the following.

____________________ 1. They send you regards.

____________________ 2. Don't worry.

____________________ 3. van

____________________ 4. purse

____________________ 5. part-time

____________________ 6. Tell us.

____________________ 7. I set them aside.

____________________ 8. to take good pictures

____________________ 9. to take advantage of

____________________ 10. It was overcast.

____________________ 11. we were ready for

____________________ 12. it depends on

Ejercicio 10-16

Read and listen to the dialog again and answer the following questions in English. Use complete sentences.

1. To whom do Pilar's parents send greetings?

____

2. What does Eduardo offer to do with the suitcases?

____

3. Why does Pilar ask Pastor Rodríguez to pass her purse to her?

____

4. Why did Pastor Rodríguez change to teaching part-time?

____

5. What did Pastor Rodríguez set aside some vacation days for?

____

6. What does Pastor Rodríguez think of the pictures on *Arqueología sin Fronteras*?

____

Ejercicio 10-17

Read and listen to Diálogo 10-2 again (pages 322–23 in your textbook). Then indicate whether each statement is *cierto* or *falso*.

cierto/falso 1. Eduardo and Pilar have no specific plans for their trip.

cierto/falso 2. Good, sunny weather will make it possible to take good pictures in the next few days.

cierto/falso 3. Pilar says that she is glad about the overcast weather in Segovia.

cierto/falso 4. According to Pastor Rodríguez, the weather in Granada was also overcast.

cierto/falso 5. Pastor Rodríguez says that there were only two noteworthy events in 1492.

Interpretive reading and listening			
I can summarize the discussion about Pilar and Eduardo's plans with Pastor Rodríguez.			

PÁSAME ESE BOLSO, POR FAVOR

Los mandatos formales

Ejercicio 10-18

Marcos is applying for scholarships. Read the following conversations and indicate whether each statement contains a formal command (F), contains an informal command (I), or does not contain any command (N).

_____ 1. **Marcos:** Hola, me llamo Marcos Fuentes, y quiero *solicitar*[1] unas becas de estudio.

_____ 2. **Consejero:** Ten, rellena este *formulario*[2].

_____ 3. **Marcos:** Dígame, ¿puedo pedir más de una beca?

_____ 4. **Consejero:** Sí, puedes. Habla con la administradora. Ella sabe qué otras becas hay *disponibles*[3].

Más tarde, en la oficina de la administradora . . .

_____ 5. **Admin.:** Hola, soy la administradora. Entra y cierra la puerta por favor. ¿Qué necesitas?

_____ 6. **Marcos:** Necesito información sobre todas las becas disponibles.

_____ 7. **Admin.:** Agarra una silla y siéntate. ¿Entiendes cómo funciona todo el proceso?

_____ 8. **Marcos:** No, no estoy muy seguro. Explíqueme los pasos tengo que tomar.

_____ 9. **Admin.:** Primero, tráeme un certificado de la escuela con todas tus *notas*[4].

_____10. **Marcos:** Aquí traigo el certificado. Tenga.

_____11. **Admin.:** También necesito tu certificado de nacimiento.

_____12. **Marcos:** Aquí lo tengo. Tome.

_____13. **Admin.:** Muy bien. Llámanos por teléfono la semana próxima y te decimos si necesitamos algo más.

_____14. **Marcos:** Muy bien, hablamos la semana que viene. Muchas gracias.

Ejercicio 10-19

Complete each formal command given by a teacher to students, then indicate whether it is *lógico* or *ilógico*.

lógico/ilógico 1. Este semestre no ______________ (hacer) las tareas obligatorias.

lógico/ilógico 2. ______________ (traer) ropa de deporte para la clase de gimnasia.

lógico/ilógico 3. No ______________ (ser) perezosos y ______________ (estudiar) duro para el examen final.

lógico/ilógico 4. No ______________ (llegar) a tiempo a la escuela. La puntualidad no tiene importancia.

lógico/ilógico 5. ______________ (obedecer) las instrucciones del profesor durante el examen.

lógico/ilógico 6. No ______________ (dar) importancia a las instrucciones de seguridad de la escuela.

[1] to apply for
[2] form
[3] available
[4] school grades

Ejercicio 10-20

Paso 1

Jorge's mother finds her antique decorative vase broken. She asks Jorge's younger siblings about it. Listen and complete the conversation with the verb forms you hear.

Mamá: Marina, Pedro, _____________ la verdad y no me _____________ mentiras. ¿Quién rompió la vasija?

Marina: A nosotros no nos _____________. ¡No sabemos nada!

Mamá: ¿Están seguros? Entonces, ¿quién fue?

Marina: ¡_____________ a Jorge! Estuvimos jugando juntos toda la tarde.

Mamá: _____________ un favor: _____________ al jardín y _____________ a su hermano aquí.

Un minuto después . . .

Jorge: ¿Qué pasa?

Mamá: Jorge, encontré la vasija de la abuela rota. Tus hermanos dicen que no fueron ellos.

Jorge: No, ellos estaban conmigo jugando en la computadora. _____________ a papá.

Mamá: José, ¿dónde estás? _____________ un momentito, por favor.

Papá: En mi oficina. _____________ un minuto, que quiero acabar algo.

Mamá: No me _____________ esperar mucho. Es importante.

Papá: ¡Ya voy!

Mamá: Encontré la vasija de la abuela rota, y los niños dicen que no fueron ellos.

Papá: No, no fueron ellos. La rompí yo sin querer. Fue un accidente.

Paso 2

Indicate whether each statement is *cierto* or *falso* based on the information in Paso 1.

cierto/falso 1. La vasija era un recuerdo de familia.

cierto/falso 2. Marina y Pedro sí saben quién rompió la vasija.

cierto/falso 3. Jorge y sus hermanos estuvieron juntos toda la tarde.

cierto/falso 4. Jorge estaba en la oficina con su padre.

cierto/falso 5. Jorge tampoco sabe lo que pasó con la vasija.

cierto/falso 6. El padre de Jorge no sabe quién rompió la vasija tampoco.

 Nombre ______________________

Ejercicio 10-21

Paso 1

Read about each situation and write an appropriate formal command in Spanish.

1. The children are not obeying their grandmother. You want them to obey their grandmother.

____

2. The children are playing with *firecrackers*[1]. You do not want them to play with firecrackers.

____

3. Your friends haven't left their house and may be late for a meeting. You want them to *leave early*[2].

____

4. You have prepared a surprise party for your parents at home. You do not want them to enter the house *yet*[3].

____

5. Your younger siblings are playing with your computer. You do not want them to touch your computer.

____

6. Your parents want to put a picture of you on the wall. You do not want them to put your picture on the wall.

____

7. You find your friends distracted and not doing their homework. You want them to do their homework.

____

8. Your friends want to bring soda to your party. You do not want them to bring soda but to bring lemonade.

____

9. You are watching TV, and your siblings are making a lot of noise. You do not want them to make noise.

____

10. You just made a mistake, and your friends saw it. You do not want them to say anything.

____

11. Your friends want to come to your house at 6:00 p.m. You want them to come at 7:00 p.m. instead.

____

Communication			
I can make requests and ask people to do things.			

[1] petardos
[2] salir temprano
[3] todavía

ANTES ENSEÑABA, PERO LO DEJÉ

Combinando el pretérito y el imperfecto

Ejercicio 10-22

Read each statement and determine if it relates a change of habit (H), opinion (O), or plan (P).

_____ 1. Siempre íbamos de vacaciones a la costa, pero el año pasado fuimos al campo.

_____ 2. Yo pensaba que trabajar de noche era mejor, pero me dí cuenta de que es muy duro.

_____ 3. José iba a estudiar francés, pero cambió a inglés porque es más útil.

_____ 4. A Marta le gustaba mucho la música folklórica, pero ahora le gusta más la música clásica.

_____ 5. Cuando era joven vestía con ropa informal todo el tiempo, pero ahora llevo traje.

_____ 6. Querían comprar un coche deportivo, pero decidieron comprar un todoterreno.

_____ 7. Hace años, desayunaban café con leche todos los días, pero ahora beben café solo.

_____ 8. Pensábamos que los coches italianos eran mejores, pero el año pasado el coche se rompió seis veces.

_____ 9. Estaba convencido de enlistarme en el ejército, pero decidí estudiar una carrera universitaria.

_____10. Juan creía que el negocio era bueno, pero el año pasado perdió mucho dinero.

Ejercicio 10-23

Paso 1

Choose the correct verb forms to complete the following blog post about changing habits and plans.

Con los años, todos cambiamos. Los primeros cambios ocurren cuando pasamos de niño a adulto. Por ejemplo, cuando ______________ (fui/era) pequeño, mi madre me ______________ (ayudó/ayudaba) a vestirme para ir a la escuela, pero cuando ______________ (cumplí/cumplía) los 10 años, ______________ (dejó/dejaba) de ayudarme y me ______________ (hizo/hacía) vestirme solo. Este tipo de cambio es parte del proceso que todos los niños pasan a medida que crecen.

Otras veces, los cambios afectan nuestros planes. Miremos a los estudiantes universitarios, por ejemplo. Las estadísticas indican que más del 60% de los estudiantes cambian de carrera universitaria en el primer año de estudios. Jazmín, por ejemplo, ______________ (fue/iba) a estudiar biología en la Universidad de Barcelona, pero ______________ (acabó/acababa) estudiando lingüística hispánica y ahora es profesora de español en una universidad en Irlanda.

Otros cambios están relacionados con nuestros hábitos personales. Por ejemplo, José, un joven madrileño, ______________ (comió/comía) comida basura desde niño, pero cuando ______________ (tuvo/tenía) quince años, ______________ (decidió/decidía) comer mejor y empezar a hacer deporte. Ahora está estudiando nutrición y dietética en la Universidad Complutense de Madrid, y su deseo es ayudar a otras personas con problemas de dieta. Como ven, los cambios son una realidad de la vida, y a veces, una realidad positiva.

Paso 2

Answer the following questions based on the blog post in Paso 1.

1. ¿Cuándo le ayudaba la madre del autor a vestirse?

____

2. ¿Qué quería estudiar Jazmín?

____

3. ¿Qué estudió finalmente Jazmín?

____

4. ¿Cuál era el problema de José?

____

5. ¿Qué pasó cuando cumplió José los quince años?

____

Ejercicio 10-24

Paso 1

Write three sentences describing habits, plans, or opinions you had when you were younger (e.g., what TV programs you watched, what you wanted to be when you grew up, what foods you liked). Use complete sentences.

1. ______________________________

____

2. ______________________________

____

3. ______________________________

____

Paso 2

Write what changed from the habits, plans, or opinions you listed in Paso 1.

1. ______________________________

____

2. ______________________________

____

3. ______________________________

____

Communication   

I can describe changes in past habits, plans, and opinions.

 Nombre ______________________

CONEXIONES CULTURALES CON EL PASADO

Forjando un imperio mundial

Ejercicio 10-25

Paso 1

Read the *Conexiones culturales* feature on pages 332–33 of your textbook. Then indicate whether each statement about the history of Spain is *cierto* or *falso*.

cierto/falso 1. España recibió la influencia de muchas culturas durante varios milenios.

cierto/falso 2. El Impero Romano tardó menos de diez años en conquistar la península ibérica.

cierto/falso 3. Los romanos establecieron ciudades importantes que todavía existen hoy día.

cierto/falso 4. El Nuevo Testamento menciona a España por nombre.

cierto/falso 5. Los primeros cristianos no se preocuparon de llevar el evangelio a España.

cierto/falso 6. Los visigodos eran tribus germánicas que adoptaron el cristianismo.

cierto/falso 7. Los musulmanes invadieron España a principios de los 700s.

cierto/falso 8. Se tardó casi 800 años en reconquistar España de la invasión musulmana.

cierto/falso 9. El año 1492 tuvo muchos eventos importantes para España y la lengua castellana.

cierto/falso 10. El impacto cultural de España en Latinoamérica no fue importante.

Paso 2

Underline the items that match each description according to the *Conexiones culturales* feature.

1. pueblos que invadieron la península española
   japoneses celtas fenicios griegos musulmanes
2. ciudades que los romanos establecieron
   Barcelona Zamora Valencia Burgos Córdoba
3. los reinos españoles que iniciaron la Reconquista
   León Castilla Andalucía Aragón Navarra
4. los eventos importantes de 1492
   la *rendición*[1] de Granada el descubrimiento de América
   la publicación de *Don Quijote* la publicación de la primera gramática castellana

Culture  

I can talk about some of the most important events in Spain's history.

[1] surrender

Diálogo 11-1: La tecnología en los viajes

Ejercicio 11-1

Read and listen to Diálogo 11-1 (pages 342–43 in your textbook). Then match each description with the correct word from the dialog.

_____ 1. vehículo aéreo no *tripulado*[1]

_____ 2. cama que hacen las aves para poner sus huevos

_____ 3. relacionado con el aire o con la aviación

_____ 4. construcción que los romanos destinaban a espectáculos como las carreras de carros y caballos

_____ 5. la hora cuando es casi el final del día pero antes de la noche

_____ 6. tipo de memoria para dispositivos portátiles como los teléfonos móviles, cámaras o tabletas

_____ 7. lo opuesto a diurno

_____ 8. edificio de forma redonda con gradas alrededor, donde se celebraban espectáculos en la antigüedad

_____ 9. una imagen de alta calidad

_____ 10. película con propósito informativo o educativo

A. nocturno
B. dron
C. aéreas
D. alta definición
E. anfiteatro
F. circo
G. nidos
H. tarjeta SD
I. documental
J. atardecer

Ejercicio 11-2

Write the phrases from the dialog that mean the following.

____________________ 1. to record videos

____________________ 2. to take aerial photos

____________________ 3. to take high-definition photos

____________________ 4. Will we make videos as well?

____________________ 5. and the rest

____________________ 6. we will take plenty of pictures

____________________ 7. it will be worth the trouble

____________________ 8. he will be happy

____________________ 9. plenty of time

____________________ 10. we will take (or be) about forty minutes

[1] manned by a crew

Ejercicio 11-3

Eduardo plans to record videos at different sites in Mérida and then later in Córdoba. Use the dialog to answer the following questions about his plans.

1. What does Eduardo specifically plan to do with the drone?

2. What is the DSLR camera for?

3. What is the sequence of events planned for the next morning?

4. What does Pilar believe that Itzel and the others would most like to see for the blog?

5. After Eduardo explains that he has plenty of SD cards for recording videos, what idea does Pilar have?

6. What does Eduardo suggest that Pilar could do?

7. What does Pilar mean when she says "*Será más trabajo, pero valdrá la pena*"?

8. Later on in Córdoba, Eduardo says that if they go to the *Mezquita* first, they will be able to do what?

9. Pilar suggests going to see the home of El Inca Garcilaso in Montilla. Who will be happy about that?

10. After going to see the home of El Inca Garcilaso, they will still have time to do what?

Interpretive reading and listening			
I can understand what Eduardo and Pilar will do in Mérida and Córdoba.			

PLANES Y PREDICCIONES

El futuro

Ejercicio 11-4

Choose the correct future-tense verb to complete each sentence.

cenaré	gustará	irá	llegarán	serán	verán
cruzará	hará	jugará	llegaréis	tendrá	vivirá

1. Andrea ______________ la calle para ir a escuela.
2. Mañana los estudiantes ______________ una película en la clase de español.
3. Celeste ______________ galletas para todos sus compañeros de clase.
4. Los estudiantes del grado doce ______________ los nuevos graduados al final de este año escolar.
5. Lorenzo ______________ que pagar *una multa*[1] por exceso de velocidad.
6. El equipo de fútbol ______________ en el campeonato del estado en el verano.
7. No nos ______________ correr otra milla más durante la clase de educación física.
8. Natalia ______________ al campamento este verano con su iglesia.
9. Max ______________ en Alemania por un año con el programa de intercambio estudiantil.
10. ¿A qué hora ______________ vosotros al juego de *voleibol*[2]?
11. Las muchachas ______________ a casa después de la escuela.
12. Hoy tengo entrenamiento de fútbol después de la escuela. Así que, esta noche ______________ tarde.

1 a fine
2 Spanish spelling of *vóleibol*

Ejercicio 11-5

Match each description to the next probable action.

A. Observaremos los pájaros en sus nidos.
B. Tardará treinta minutos en llegar.
C. Cenaremos con mis padres.
D. Irán a la montaña este fin de semana.
E. Esta noche lloverá.
F. Desayunará a las diez de la mañana.
G. Habrá un taller de ocho a diez, y luego tendremos unas actividades.
H. Cantarán para el programa de Navidad.
I. Haré todo lo posible por estudiar para el examen de mañana.
J. Comerás en la cafetería.

_____ 1. Marisol está preparando churros con chocolate caliente.
_____ 2. Josué y Hugo están empacando el *equipo*[1] en las mochilas para acampar.
_____ 3. Trajiste dinero a la escuela hoy.
_____ 4. Trajimos unos binoculares para la caminata.
_____ 5. ¿Cuál es el plan para hoy?
_____ 6. Estamos de camino al restaurante.
_____ 7. Debo llamar un taxi antes del vuelo.
_____ 8. Se están formando nubes.
_____ 9. Carolina y Armando están en el coro.
_____10. Estoy haciendo las tareas en la habitación.

[1] equipment

Formas irregulares del futuro

Ejercicio 11-6

As Pilar and Eduardo speculate about the future, they start to wonder what other changes may occur. Indicate whether each idea about the future is *logico* or *ilógico*.

lógico/ilógico 1. En el futuro habrá más posibilidad de viajar a lugares remotos.

lógico/ilógico 2. La gente querrá comprar casi todo por internet.

lógico/ilógico 3. Los animales sabrán hablar.

lógico/ilógico 4. No habrá necesidad de llevar dinero en efectivo.

lógico/ilógico 5. Ya no tendremos que comer ni dormir tanto.

lógico/ilógico 6. Los bebes cambiarán sus propios *pañales*[1].

lógico/ilógico 7. No saldremos nunca de casa.

lógico/ilógico 8. Los drones tendrán más usos prácticos.

lógico/ilógico 9. Los carros podrán conducir sin conductor.

lógico/ilógico 10. Dirán que el presente es historia.

lógico/ilógico 11. Harán las casas de azúcar y de chocolate.

Ejercicio 11-7

Underline the verb that best completes each sentence.

1. Mi hermanito (tendrá/querrá) venir con nosotros al zoológico.
2. ¿Cuándo (tendrán/valdrán) los globos listos para la fiesta?
3. El pastor dice que no (habrá/hará) culto esta noche en la iglesia.
4. No (podremos/pondremos) ir a la playa hasta las vacaciones del verano.
5. Mañana me (podré/pondré) el uniforme para la clase de educación física.
6. Si Dios quiere, (sabré/saldré) de vacaciones en mayo.
7. Todo el trabajo que estamos haciendo en la escuela (vendrá/valdrá) la pena un día.
8. No (saldremos/sabremos) los resultados del examen hasta mañana.
9. (Vendré/Valdré) a tu casa a las cinco de la mañana. ¿Estarás listo?
10. ¿Estás seguro de que (saldremos/cabremos) todos en tu coche? Somos ocho personas en total.

[1] diapers

Usos del futuro

Ejercicio 11-8

You have been asked to set up a prayer meeting for your classmates at your house tomorrow night. Number the items you will need to do in the most logical order.

_____ 1. Me despediré de mis compañeros de clase.

_____ 2. Limpiaré la casa para los invitados.

_____ 3. Leeré un pasaje de la Biblia para comenzar la reunión.

_____ 4. Mandaré un email a mis compañeros de clase con los detalles de la reunión.

_____ 5. Ofreceré unos refrigerios y refrescos al final de la reunión.

_____ 6. Tomaré peticiones y agradecimientos antes de orar.

_____ 7. Organizaré las sillas en *la sala de estar*[1].

_____ 8. Pasaremos media hora en oración por las peticiones.

Ejercicio 11-9

Paso 1

Vivian is planning a graduation party at the end of the school year. She sends her family and friends a letter that includes the order of events during the ceremony and the details of the celebration afterward. Complete each sentence with the verb you hear.

¡Saludos a todos!

Me da mucho gusto invitarles a la celebración de mi graduación. Si Dios quiere, me _______________ el catorce de mayo. La ceremonia _______________ a las dos de la tarde. Uno de los muchachos _______________ la ceremonia con una oración. Luego, durante la ceremonia, _______________ unas palabras de agradecimiento a mis padres por todo su sacrificio y apoyo. Entonces _______________ un himno de alabanza al Señor. Después de la ceremonia, _______________ afuera y _______________ muchas fotos con todo el mundo. Prepárense para el momento cuando _______________ los *birretes*[2] al aire! Después de las fotos, _______________ a comer a un restaurante. Tuvimos que reservar un salón grande porque _______________ muchos. _______________ bistec, puré de patatas, y paella. También _______________ un pastel decorado con los colores de la escuela y el año de nuestra clase. Después de comer, _______________ a mi casa y _______________ la ocasión con unos juegos divertidos. _______________ escoger entre el voleibol, el fútbol o el Frisbee®. Luego _______________ los anuarios de la escuela y _______________ unas palabras de felicitaciones a nuestros compañeros de clase. ¡Sin duda _______________ un día inolvidable!

[1] living room
[2] graduation caps

Paso 2

Determine whether each statement is *cierto* or *falso* based on the information that Vivian gives in Paso 1.

cierto/falso 1. Vivian se graduará el catorce de mayo.

cierto/falso 2. La ceremonia será a las doce del mediodía.

cierto/falso 3. Durante la ceremonia Vivian dirá unas palabras de agradecimiento.

cierto/falso 4. Luego, ella cantará un himno sola.

cierto/falso 5. Inmediatamente después de la ceremonia, todos irán a comer a su casa.

cierto/falso 6. Vivian escribirá unas palabras especiales en los anuarios de sus amigos.

Ejercicio 11-10

Since tomorrow is such a busy day, you decide to go over your agenda once more. Use the table and the clues in parentheses to help you write out your plans for tomorrow.

la hora del día	tu agenda	la hora del día	tu agenda
5:55	el *amanecer*[1]	10:15	álgebra 2
6:00	hora de levantarse	11:20	reunión de clase
7:15	desayuno	12:30	comida
8:10	biología	13:20	laboratorio
9:05	geografía	14:15	*ensayo*[2] de música
10:00	descanso	15:05	hora de salida

1. ______________ a las seis. Tardaré un poco más de una hora en arreglarme y luego pasar tiempo con el Señor en oración y en la lectura de la Palabra de Dios.
2. ______________ (comenzar) el día con un buen desayuno a las siete y cuarto.
3. ______________ (empezar) la escuela con la clase de biología a las ocho y diez de la mañana.
4. ______________ (tener) la segunda clase a las cinco después de las ______________.
5. A las diez de la mañana, ______________ (haber) quince minutos para descansar.
6. A las diez y cuarto, ______________ (tener) la clase más difícil del día.
7. Mañana ______________ (haber) una junta especial con mis compañeros de escuela a las ______________ y veinte.
8. ______________ con mis amigos en el comedor de la escuela a las ______________ y media.
9. ______________ (hacer) un experimento en el laboratorio a la una y veinte.
10. ______________ (tener que) llevar la guitarra al ensayo de música a las dos y cuarto.
11. ______________ de la escuela a las tres y cinco de la tarde.

[1] sunrise
[2] rehearsal

Ejercicio 11-11

Paso 1

Mark *sí, quizá*, or *no* to indicate whether you think each prediction about the future is likely to happen.

¿Crees que . . . ?	sí	quizá	no
1. Estudiaremos la escuela totalmente online.			
2. Seguiremos usando gasolina en los coches.			
3. Iremos a las tiendas para comprar.			
4. Tendremos robots para ayudarnos con las tareas del hogar.			
5. Las personas podrán ir de vacaciones a la luna.			

Paso 2

Explain each choice you made in Paso 1. You may use the suggested reason or your own reason.

Modelo
Creo que no tendremos que ir al doctor en persona porque podremos hacerlo todo por teléfono. *or*
Creo que sí tendremos que ir al médico para cosas como cirugías o vacunas.

1. ¿Por qué sí, por qué no o por qué quizá? (porque es más conveniente)

   ____

2. ¿Por qué sí, por qué no o por qué quizá? (porque todos serán eléctricos)

   ____

3. ¿Por qué sí, por qué no o por qué quizá? (porque te la enviarán a casa por correo)

   ____

4. ¿Por qué sí, por qué no o por qué quizá? (porque la robótica avanza cada día más)

   ____

5. ¿Por qué sí, por qué no o por qué quizá? (porque tendrán más dinero para gastar)

   ____

 Nombre ______________________

Paso 3

Write a paragraph in Spanish connecting your Paso 2 statements about the future. Use the adverbial phrases below to sequence your sentences.

Para empezar, . . .	Luego, no creo que . . .	Y para finalizar, creo que . . .
Segundo, creo que . . .	Después, creo que . . .	

Modelo
El futuro será (igual que hoy, más o menos igual que hoy, muy diferente de hoy). Para empezar, creo que sí tendremos que visitar al médico para cosas como cirugías o vacunas. Segundo, creo que . . . .

____

____

____

____

____

____

____

____

____

____

Communication			
I can express future plans and intentions and make predictions.			

LAS CONDICIONES

El primer condicional: *Si vamos . . . , podremos . . .*

Ejercicio 11-12

Match each conditional statement with the picture that best illustrates the possible outcome.

_____ 1. Si te levantas temprano todos los días, terminarás tus obligaciones a tiempo.

_____ 2. Si vas al gimnasio fielmente, estarás en muy buena forma fisicamente.

_____ 3. Si ahorras dinero hoy, tendrás suficiente para comprar las cosas que necesitas.

_____ 4. Si te aplicas en tus estudios, tendrás tu propia empresa.

_____ 5. Si pasas tiempo con tus amigos, tendrás memorias muy bonitas.

_____ 6. Si no pones atención a tus maestros, no sabrás cómo hacer la tarea.

_____ 7. Si no desayunas bien, tendrás hambre toda la mañana.

Ejercicio 11-13

Choose the most logical outcome for each condition and write your response to the question. Include the conditional clause in your answer.

Modelo
¿Qué pasará si no entregas el proyecto a tiempo en la clase de ciencias?
no pasar nada / quitar puntos

Si no entrego el proyecto a tiempo en la clase de ciencias, me quitarán puntos.

1. ¿Qué pasará si no pones aceite en el motor del coche?
   no pasar nada / quemarse el motor
   ____
2. ¿Qué pasará si estudias para tus exámenes?
   no pasar nada / aprender más
   ____
3. ¿Qué pasará si lees muy bien el manual de conducir?
   aprobar el examen de conducir / suspender el examen de conducir
   ____
4. ¿Qué pasará si agarras un escorpión con la mano?
   no pasar nada / picar
   ____
5. ¿Qué pasará si el helado que compraste cae al suelo?
   no pasar nada / tener que comprarme otro
   ____

Communication			
I can tell what will likely happen in certain circumstances.			

CONEXIONES CULTURALES CON EL PRESENTE

El mundo digital

Ejercicio 11-14

Read each statement and determine whether it is *cierto* or *falso* based on the *Conexiones culturales* feature on pages 354–55 of your textbook.

cierto/falso 1. La tecnología nos puede ayudar a aprender otros idiomas.

cierto/falso 2. La tecnología nos ayuda a comunicarnos con otros que están en otros países.

cierto/falso 3. La radio es una tecnología de poca importancia en muchos países de habla hispana.

cierto/falso 4. Escuchar el español de los países hispanohablantes es importante para adquirir el idioma.

cierto/falso 5. Los programas informativos en la televisión te permiten ver aspectos de cultura.

cierto/falso 6. Los españoles dicen *teléfono celular*.

cierto/falso 7. Tienes que viajar mucho para aprender otros idiomas.

cierto/falso 8. Los vídeos son una manera efectiva de aprender de otras culturas.

cierto/falso 9. Estar hecho a la imagen de Dios incluye tener la habilidad de comunicarnos.

cierto/falso 10. Para aprender otros idiomas, no necesitas dedicar tiempo a conversar con otros.

Ejercicio 11-15

Answer the following questions about using technology in learning Spanish. Write your answers in English.

1. How can a language app help you as you learn Spanish?

____

2. What should you remember when using a translation program?

____

3. List some apps or software that you have found to be useful in learning Spanish.

____

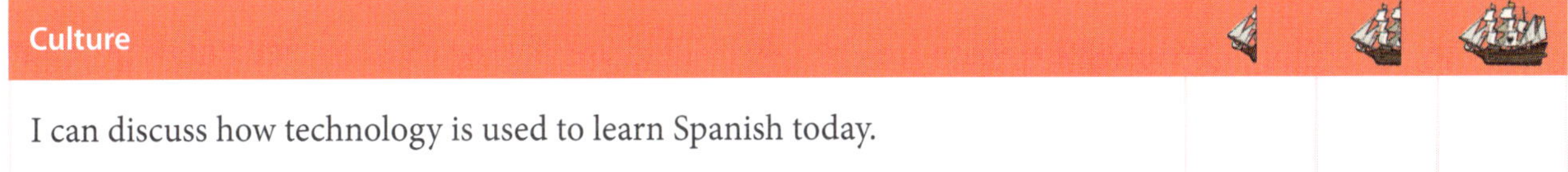

Culture			
I can discuss how technology is used to learn Spanish today.			

Diálogo 11-2: Vídeo y fotos

Ejercicio 11-16

Read and listen to Diálogo 11-2 (pages 356–57 in your textbook). Then write the words or phrases from the dialog that mean the following.

______________________ 1. the remainder

______________________ 2. When are you (plural) going?

______________________ 3. a port or harbor

______________________ 4. ships

______________________ 5. behind me

______________________ 6. places, locations, sites

______________________ 7. to send out, to broadcast

______________________ 8. pleasure, enjoyment

______________________ 9. fine, right, OK

______________________ 10. meeting

Ejercicio 11-17

Using what you already know about Spanish, write what you think each underlined word or phrase means.

1. Me dijo que <u>sería</u> muy bueno.

   ____

2. Les dijimos a nuestros padres que <u>volveríamos</u> el lunes.

   ____

3. Yo <u>me quedaría</u> más días, pero le prometí a mi madre que <u>le ayudaría</u> en casa.

   ____

4. Le dije a Temo que <u>grabaríamos</u> el Palacio de los Nazaríes.

   ____

5. Pensé que <u>tendríamos</u> tiempo de grabar más sitios.

   ____

6. Yo no <u>grabaría</u> más. Creo que ya tenemos bastantes horas de vídeo.

   ____

Ejercicio 11-18

Read and listen to Diálogo 11-2 again. Then answer the following questions, using complete sentences.

1. How does Eduardo express what their plans are for tomorrow?

2. How does he express what their plans are for Monday?

3. In Capítulo 10 you learned about the significance of the Alhambra in Spain's history. What do the twelve lions in the *Patio de los Leones* represent? Use an encyclopedia to find your answer.

4. What areas does the *Palacio de los Nazaríes* (Nazareth Palace, or Nasrid Palace) consist of? Use an encyclopedia to find your answer.

5. What was the original function of the Giralda in Seville?

6. What two-word colloquial expression does Pilar say to express how she feels about the online meeting Itzel is planning for everyone to attend the next week?

7. You may think of an illusion as something that gives a false impression or is misleading. But what idea does this Spanish expression convey?

Interpretive reading and listening			
I can describe some of the places mentioned in the dialog.			

PROMETÍ QUE LE AYUDARÍA

El condicional

Ejercicio 11-19

Write the correct form of the appropriate verb in each blank.

1. Me ______________ (gustar/querer) ver las fotos y los vídeos que hiciste.
2. Yo ______________ (quedar/vivir) en Córdoba, pero vivo en Segovia porque tengo familia allí.
3. ______________ (llegar/pasar) a Sevilla antes, pero primero tienen que pasar por Córdoba.
4. ¿Tú ______________ (comer/dormir) en el tren si compramos un billete con la comida incluida?
5. Le dije a mi madre que nosotros ______________ (comer/tardar) de camino a Madrid.
6. Si te dan la opción, ¿en qué ciudad te ______________ (investigar/quedar) más tiempo?
7. Me ______________ (agradar/gustar) saber a qué hora llegaremos a Granada.
8. Le dije a mi amigo que vosotros ______________ (estar/ver) en su casa antes de las seis.
9. ______________ (sentarme/dormirse) más cerca de la cafetería, pero los asientos están ocupados.
10. ______________ (preferir/dejar) el bocadillo con jamón serrano.

Formas irregulares del condicional

Ejercicio 11-20

Write the correct form of the appropriate verb in each blank.

1. ¿______________ (poder/tener) tú ayudarme con estas maletas? Pesan mucho.
2. Yo me ______________ (poner/querer) la chaqueta que traje, pero todavía hace calor.
3. Pensé que ______________ (hacer/haber) más tiempo para verlo todo en Andalucía.
4. Ellos ______________ (poder/saber) qué hacer en cualquier circunstancia.
5. Me prometió que ______________ (salir/ir) nosotros con tiempo de sobras para llegar temprano.
6. Si quieren, ______________ (saber/tener) ustedes que escoger la segunda opción.
7. ¿Qué ______________ (decir/valer) la gente si hacemos galletas de chocolate?
8. Mi amigo ______________ (querer/tener) venir, pero antes tiene que pedir permiso a sus padres.

Usos del condicional

Ejercicio 11-21

Paso 1

Listen to Miranda and Eliana discussing what they think of their chemistry class. Fill in each blank with the verb you hear.

Miranda: No pensé que la clase de química ______________ tan difícil.

Eliana: Yo tampoco me imaginé que ______________ tanta tarea.

Miranda: El profesor nos dijo que el examen tendría setenta y cinco preguntas. ______________ mejor estudiar juntas.

Eliana: Yo creía que el examen ______________ solamente cincuenta preguntas.

Miranda: Bueno, dijo el profesor que ______________ más preguntas en el examen porque el capítulo era muy largo.

Eliana: ¿Tendremos tiempo suficiente para acabarlo? Nos prometió que ______________ una hora para hacer el examen.

Miranda: Sí, es cierto, pero luego dijo que nos ______________ media hora más.

Eliana: ¿Oh sí? La última vez que hice su examen se me acabó el tiempo antes de terminar.

Miranda: Una cosa más. También el profesor dijo que hoy ______________ después de clase por si tenemos más preguntas sobre el capítulo.

Eliana: ¡Qué bueno! Iré a hablar con él. Quiero preguntarle si hay puntos extras. ¡Los voy a necesitar para aprobar la clase de química!

Paso 2

Indicate whether each statement is *cierto* or *falso* based on the information in Paso 1.

cierto/falso 1. Miranda piensa que la clase de química es difícil.

cierto/falso 2. Eliana no se imaginó que la clase tendría tan poca tarea.

cierto/falso 3. El profesor les dijo que sería mejor tomar el examen juntos.

cierto/falso 4. Eliana creyó que el examen tendría solamente cincuenta preguntas.

cierto/falso 5. A Eliana le preocupa no tener tiempo suficiente para acabar el examen.

 Nombre ______

ME QUEDARÍA MÁS DÍAS, PERO . . .

Expresando un deseo o lo que harías

Ejercicio 11-22

Choose the best response to each scenario, then write a sentence to answer the question. Remember to put the pronoun in the correct place.

Modelo
Te despiertas tarde. Solamente tienes diez minutos para llegar a la escuela. ¿Qué harías?
irte sin desayunar / quedarte en la cama

Me iría sin desayunar a la escuela.

1. Tu profesor está dejando tiempo para más preguntas de un tema que no entiendes muy bien. ¿Qué harías?
   seguir dibujando en la hoja de papel / alzar la mano para hacer una pregunta

   ______

2. Tu amigo se olvidó de traer almuerzo a la escuela. ¿Qué harías?
   prestarle dinero / darle la mitad de tus zanahorias

   ______

3. Tienes que correr una maratón inmediatamente después de la escuela. ¿Qué harías antes de correr?
   comerte una pizza entera / tomar mucha agua

   ______

4. Tu amigo no sabe que le van a hacer una fiesta de sorpresa. ¿Qué harías?
   decirle algo / decirle nada

   ______

5. Estás en la playa y ves un tiburón nadando en el agua. ¿Qué harías?
   nadar junto al tiburón / alertar a los demás

   ______

6. Tu perro te ve comiendo una hamburguesa. ¿Qué harías?
   compartir un *pedazo*[1] con él / darle agua

   ______

7. Estás manejando el carro y el *neumático*[2] se te *pincha*[3]. ¿Qué harías?
   cambiar el neumático / seguir conduciendo el coche dos semanas más

   ______

[Sigue en la siguiente página.]

[1] piece (of something)
[2] tire
[3] to become punctured or flat

8. Estás en una tienda y empiezas a oler humo. ¿Qué harías?

   buscar más rebajas / hablar con el *gerente*[1]

   ____

9. Tienes que correr una milla para la clase de educación física, pero te olvidaste las *zapatillas de tenis*[2]. ¿Qué harías?

   pedir prestado las zapatillas de tenis a un amigo / correr *descalzo*[3]

   ____

10. Tienes que hablar durante diez minutos sobre un tema que no conoces muy bien. ¿Qué harías?

    contar muchos chistes e historias / leer sobre el tema antes de llegar a clase

    ____

Ejercicio 11-23

Answer the following questions with complete sentences in Spanish.

1. ¿Les prometiste algo a tus amigos alguna vez? ¿Qué les prometiste?

   ____

2. Si te dan la opción de escoger, ¿qué clase de pizza pedirías? ¿La de pepperoni, la de queso o la de *salchicha*[4]?

   ____

3. ¿Qué dirías a tus amigos si quieren hablar toda la noche antes de un examen?

   ____

4. Si tus padres te dan la opción de escoger, ¿qué clase de carro querrías manejar?

   ____

5. ¿Qué tendrías que hacer en caso de llegar tarde a la escuela?

   ____

[1] manager
[2] tennis shoes
[3] barefoot
[4] sausage

CONEXIONES CULTURALES CON EL PASADO

La tecnología en el pasado

Ejercicio 11-24

Read the *Conexiones culturales* feature on pages 366–67 of your textbook. Then determine whether each statement about the use of technology in the Spanish-speaking world is *cierto* or *falso*.

cierto/falso 1. La tecnología digital es algo nuevo en la historia del mundo.

cierto/falso 2. La tecnología consiste en la aplicación de la ciencia a los problemas de la vida.

cierto/falso 3. El emperador Augusto fundó la ciudad de Mérida en el año 25 después de Cristo.

cierto/falso 4. Los romanos usaban concreto en muchas de sus construcciones.

cierto/falso 5. Los romanos diseñaron los acueductos para traer oro a sus ciudades.

cierto/falso 6. Los caminos romanos se hicieron para mobilizar a los soldados rápidamente.

cierto/falso 7. El astrolabio fue desarollado por Cristóbal Colón.

cierto/falso 8. La Armada Española llegó a ser una potencia mundial en los siglos XVI y XVII.

cierto/falso 9. Hernán Cortés usó los barcos para pelear contra los aztecas en la costa de México.

cierto/falso 10. En la conquista de las Américas se usó tecnología.

I can trace the use of technology throughout Spain's history.

Diálogo 12-1: Amigos sin fronteras

Ejercicio 12-1

Read and listen to Diálogo 12-1 (pages 376–77 in your textbook). Then write the phrases from the dialog that mean the following.

____________________ 1. What did you all think of the _______?

____________________ 2. it looked like

____________________ 3. Before, I wanted _______.

____________________ 4. There is still room.

____________________ 5. everywhere

Ejercicio 12-2

Determine whether each statement is *cierto* or *falso*.

cierto/falso 1. Luis, Pilar, and Eduardo want to study history.

cierto/falso 2. Pilar wants to study journalism because she does not like history.

cierto/falso 3. Lupita wants to double major in archaeology and computer science.

cierto/falso 4. Luis wants to know more about the Romans.

Ejercicio 12-3

Read and listen to the dialog again, then answer the following questions in English.

1. What was different about the format Pilar and Eduardo used to present Spain for the blog?

____

2. What two things do the members compare the quality of the videos to?

____

3. What impact has the blog had on Juan?

____

4. How did the blog influence Itzel?

____

Interpretive reading and listening			
I can understand the members' conversation about their experiences while working on the blog.			

 Nombre ______________________

EL CONOCIMIENTO HUMANO

Los estudios

Ejercicio 12-4

Paso 1

Match each definition with the correct profession. Some words will not be used.

antropólogo	astrónomo	informático	matemático
arqueólogo	historiador	lingüista	periodista

______________ 1. persona que estudia los números y las figuras geométricas y sus relaciones

______________ 2. persona que estudia los planetas, sus movimientos y las leyes que los *rigen*[1]

______________ 3. persona que diseña, programa o repara las computadoras

______________ 4. persona que informa sobre las noticias en diarios, radio o televisión

______________ 5. persona que estudia lugares antiguos y su historia

Paso 2

Describe what the following people do in their jobs. Use the *profesiones* charts at the end of Chapter 1 of your textbook (page 31) to help you with the verbs you need.

Modelo
farmacéutico: El farmacéutico vende medicinas en una farmacia.

1. bombero: ______________
2. escritor: ______________
3. conductor: ______________
4. misionero: ______________
5. panadero: ______________

[1] from *regir;* to rule, to govern

Ejercicio 12-5

Explain which type of profession you think is more necessary in each situation. There is no wrong answer.

Modelo
Ayer, tu hermano se cayó jugando al fútbol y se rompió la pierna. ¿El cirujano o el enfermero? ¿Por qué?

El cirujano es más necesario porque el cirujano puede operar la pierna de mi hermano.

1. El pastor de tu iglesia quiere abrir una escuela cristiana. ¿El director o el profesor? ¿Por qué?

____

2. Hay un incendio en el edificio que está al lado de tu casa. ¿El policía o el bombero? ¿Por qué?

____

3. Hay un virus infeccioso en tu ciudad, y mucha gente está enferma. ¿El científico o el médico? ¿Por qué?

____

4. Tu computadora va muy lenta y no funciona bien. ¿El programador o el técnico? ¿Por qué?

____

5. Tus padres quieren remodelar completamente tu casa. ¿El arquitecto o el albañil? ¿Por qué?

____

Ejercicio 12-6

Write a paragraph describing a profession you would like to pursue. Explain whether you will need to go to college or a professional school or whether you will learn on the job. Describe why that job interests you and what you will be doing.

Modelo
Un día me gustaría ser bombero. Para ser bombero no necesito ir a la universidad, pero sí necesito ir a la academia de bomberos. También aprenderé mientras trabajo con los otros bomberos. Me gusta la idea de ser bombero porque los bomberos apagan fuegos y salvan las vidas de personas.

____

____

____

____

____

____

Communication

I can describe what academic disciplines and professions are about.

¿QUÉ QUIERES SER?

Repaso: El pretérito

Ejercicio 12-7

Paso 1

Since Manuel loves Mozart's music, his teacher asked him to prepare a short summary of Mozart's life to present to the class. Complete Manuel's presentation with the verb forms you hear.

Wolfgang Amadeus Mozart ______________ en Salzburgo, Austria, el 27 de enero de 1756. A la edad de cuatro años, Mozart ______________ su capacidad musical con instrumentos de *teclado*[1] y el violín, y cuando tenía cinco años, ______________ a tocar sus propias composiciones musicales en las cortes reales europeas.

En 1781 ______________ a Viena donde ______________ el resto de su vida. Allí ______________ sus sinfonías, conciertos y óperas y ______________ su fama. En su vida, ______________ más de seiscientas piezas musicales que hoy se consideran *obras maestras*[2]. Mozart ______________ uno de los músicos más *influyentes*[3] de la historia.

Paso 2

You will now research your favorite author and prepare a presentation similar to Manuel's in Paso 1. Include details such as when this author was born, when he or she started writing, where he or she lived, and whether he or she was married or had children. Explain what type of stories he or she wrote and which ones are most well known.

____

____

____

____

____

____

____

____

____

____

____

[1] keyboard
[2] masterpieces
[3] influential

Ejercicio 12-8

Paso 1

Alberto likes walking around Madrid and taking pictures of the city. Complete his account with the correct words from the word bank. Some words will be used more than once.

chocaron[1]	hicieron	pude	se *saltó*[3]
desayuné	llegó	salí	tardó
descargué[2]	mandé	saqué	tuvo
dio	pidió	se hizo	vino

Me llamo Alberto, vivo en la calle Serrano de Madrid en España, y soy un fotógrafo *aficionado*[4]. El sábado pasado me levanté, ______________, agarré mi cámara de fotos, y ______________ a la calle a caminar. Mientras estaba *enfocando*[5] mi cámara para sacar una foto, dos coches ______________ justo en frente de mí. El conductor de uno de los coches ______________ un *stop*[6], y el otro coche no ______________ tiempo de *frenar*[7] y le ______________ un *golpe*[8] al coche que se saltó el stop. Mucha gente ______________ a ayudar, y alguien llamó al 112. La policía ______________ cinco minutos, y la ambulancia ______________ tres minutos más tarde. El accidente fue serio, y uno de los conductores ______________ bastante daño. Cuando llegó la policía, me ______________ preguntas de lo que pasó y les ______________ enseñar la foto que ______________. Uno de los agentes me ______________ una copia de la foto; así que cuando llegué a casa, ______________ las fotos en mi ordenador y ______________ la foto a la dirección de correo electrónico que el policía me dio. Normalmente, saco fotos de escenas tranquilas, puestas de sol, árboles y cosas así, pero ayer fue algo mucho más dramático. De todos modos, me alegro de la ayuda que pude ofrecer a la policía.

[1] to collide, to crash
[2] to download
[3] to skip
[4] amateur
[5] to focus
[6] stop sign
[7] to brake, to stop
[8] hit, collision, impact

 Nombre ______________________

Paso 2

Answer the questions below based on Alberto's account in Paso 1. Use complete sentences.

1. ¿Qué tres cosas hizo Alberto después de levantarse el sábado?

____

2. ¿Qué pasó mientras Alberto estaba a punto de sacar una foto?

____

3. ¿Dónde ocurrió el accidente en referencia a Alberto?

____

4. ¿Qué hizo el conductor que causó el accidente?

____

5. ¿Qué pasó con el coche que dio el golpe? ¿Por qué chocó?

____

6. ¿Cuanto tardó la policía en llegar a la escena del accidente?

____

7. ¿Cuándo llegó la ambulancia?

____

8. ¿Qué le pidió el policía a Alberto?

____

9. ¿Qué dos cosas hizo Alberto al llegar a casa?

____

10. ¿Qué tipo de fotos saca Alberto normalmente?

____

Repaso: El imperfecto

Ejercicio 12-9

Paso 1

Felisa is brainstorming for a school essay about her family. Indicate whether the action in each topic she considers is present (P), is finished (F), or was ongoing in the past (O).

_____ 1. Cuando era pequeña, mi familia no iba a la iglesia.

_____ 2. Hace cinco años empecé a ir a la iglesia.

_____ 3. Ahora voy a la iglesia con mis amigos.

_____ 4. Una vez, canté un himno especial en un culto.

_____ 5. Cuando mi padre iba al culto, se distraía y no escuchaba el mensaje del pastor.

_____ 6. Cuando mi padre está en el culto, le gusta cantar los himnos y oír los mensajes.

_____ 7. El martes, encontré un álbum de fotos de mis abuelos.

_____ 8. Mis abuelos eran misioneros en África.

Paso 2

You will now prepare your own essay to present in class. Think of a past experience you would like to talk about (e.g., an outing, camping trip, or family occasion). Then list the main things that happened. Consider whether each past event was a one-time occurrence or an ongoing situation.

1. ______________________________
2. ______________________________
3. ______________________________
4. ______________________________
5. ______________________________
6. ______________________________

Paso 3

Combine the items you wrote in Paso 2 into a paragraph about your chosen past experience. Remember to use the imperfect when explaining context or describing any ongoing situation in the past. Use time words as needed. (See textbook page 328.)

____

____

____

____

____

____

Ejercicio 12-10

Paso 1

Daniel is from Barcelona, and he enjoys hiking. Listen to Daniel and complete his story with the verb forms you hear.

Hola, me llamo Daniel y ____________ en un pueblo de Barcelona que ____________ Tarrasa. El año pasado varios jóvenes de mi iglesia ____________ un grupo de senderismo para hacer caminatas por Montserrat. Al principio, no ____________ ganas de unirme al grupo, pero me alegro de que lo ____________. Antes me ____________ los fines de semana encerrado en mi habitación leyendo, escuchando música o jugando con el ordenador; no ____________ de mi cuarto y no ____________ deporte de ningún tipo. Al principio no ____________ fácil—____________ caminatas de dos horas y ____________ agotados—pero a las pocas semanas, ____________ caminar cuatro o más horas, y ahora, ____________ caminatas de diez o doce horas sin ningún problema. Tengo que reconocer que ____________ al aire libre ____________ muchos beneficios y ____________ mejor físicamente.

Montserrat es una montaña en un parque natural y ____________ muchos senderos o rutas que puedes seguir. Cuando ____________ a lo más alto de la montaña, las vistas son espectaculares, y desde allí ____________ ver el valle y muchos pueblos. Mucha gente ____________ senderismo en Barcelona; es una actividad muy popular, y hay muchos grupos de senderismo a los que puedes unirte.

Pero lo que más ____________ son las conversaciones que tenemos. Antes sólo ____________ a los jóvenes en la iglesia el domingo, pero ahora ____________ muchas horas juntos. Recuerdo que nuestras conversaciones ____________ las típicas conversaciones de iglesia, cortas y amables. Pero ahora ____________ de muchas cosas y ____________ cosas que antes no ____________. Antes nos ____________, pero ahora ____________ amigos.

Paso 2

Find the following words in Daniel's story in Paso 1. Try to determine what each word means from the context in which it is used. Then match each word with the correct meaning.

_____ 1. caminata

_____ 2. senderismo

_____ 3. unirme a

_____ 4. agotado

_____ 5. sendero

_____ 6. grupo de senderismo

A. extremadamente cansado
B. actividad que consiste en caminar
C. camino rústico en una montaña o un bosque
D. actividad de caminar por un sendero
E. organización de personas que caminan por la montaña como deporte
F. asociarse o formar parte de una organización

Capítulo 12: Una educación sin fronteras

12

Paso 3

Answer the following questions about yourself in Spanish. Use complete sentences.

1. ¿Te gusta caminar por la montaña? ¿Haces algún tipo de senderismo?

2. Si no lo haces o no te gusta el senderismo, ¿qué tipo de actividad o deporte practicas?

3. Antes de practicar esta actividad o deporte, ¿qué hacías? ¿Tenías otras actividades?

4. ¿Te gustaba más lo que hacías antes, o te gusta más lo que practicas ahora?

5. Si no cambiaste y sigues practicando la misma actividad o deporte, cuando empezaste, ¿practicabas esa actividad porque te gustaba o por otra razón? ¿Quién te inició?

6. ¿Cuándo empezaste a practicar esa actividad? ¿Cuántos años tenías?

7. Cuando empezaste, ¿eras bueno? Y ahora, ¿eres mejor que antes?

Ejercicio 12-11

Paso 1

Last year, Amelia interviewed with a company she wanted to work for. Read what she says about her experience and complete her story by filling in each blank with the correct verb form.

El año pasado _____________ (veo/vi/veía) un anuncio de trabajo que _____________ (es/fue/era) ideal para mí. _____________ (*Relleno*[1]/Rellené/Rellenaba) una *solicitud*[2] por internet y me _____________ (dan/dieron/daban) una *entrevista*[3]. En la entrevista me _____________ (hacen/hicieron/hacían) muchas preguntas y luego me _____________ (dicen/dijeron/decían) que me llamarían para comunicarme su decisión. Dos días más tarde, me _____________ (llaman/llamaron/llamaban) y me dijeron que _____________ (tengo/tuve/tenía) buenas credenciales académicas, pero no _____________ (pueden/pudieron/podían) darme el trabajo porque no tenía la experiencia suficiente para esa posición. Me dijeron que ese trabajo _____________ (requiere/requirió/requería) experiencia en recursos humanos y contabilidad fiscal, pero mis estudios _____________ (son/fueron/eran) de contabilidad general. *Es una lástima*[4] porque realmente _____________ (me gusta/me gustó/me gustaba) la idea de trabajar en esa empresa. Cuando era niña _____________ (me gustan/me gustaron/me gustaban) los números y _____________ (*sueño*[5]/soñé/soñaba) con tener una empresa con muchos trabajadores. También me _____________ (imagino/imaginé/imaginaba) que _____________ (tengo/tuve/tenía) negocios en China, Japón, Europa y los Estados Unidos. Bueno, ahora _____________ (sé/supe/sabía) lo que tengo que hacer para conseguir mi trabajo ideal. ¡Estudiar más!

Paso 2

Use Amelia's story in Paso 1 to determine whether each statement is *cierto* or *falso*.

cierto/falso 1. Amelia vió un trabajo que le interesaba mucho.

cierto/falso 2. Amelia no tuvo que rellenar una solicitud de trabajo.

cierto/falso 3. Durante la entrevista, le hacían muchas preguntas.

cierto/falso 4. Al final, no le dieron el trabajo a Amelia.

cierto/falso 5. Las credenciales de Amelia no eran muy buenas.

cierto/falso 6. Amelia no le gustaba la contabilidad ni trabajar con números.

cierto/falso 7. Amelia soñaba con tener negocios en otros países del mundo.

---

[1] to fill out
[2] an application
[3] interview
[4] it's a pity
[5] to dream

Ejercicio 12-12

Think of a time you wanted to join a company or a sports team and answer the following questions in Spanish. Use complete sentences.

1. ¿Viste alguna vez un trabajo o equipo que te interesaba?

   ____

2. ¿Qué tipo de posición o deporte era?

   ____

3. ¿Rellenaste una solicitud o tuviste que llevar papeles?

   ____

4. ¿Te hicieron una entrevista? ¿Te reuniste con el jefe o la persona a cargo del equipo?

   ____

5. ¿Te hicieron muchas preguntas durante la entrevista?

   ____

6. ¿Cómo era el entrevistador o la persona a cargo? ¿Simpático, amable, serio?

   ____

7. ¿Tenías la experiencia y las cualificaciones que pedían?

   ____

   ____

8. ¿Conseguiste el trabajo o entraste en el equipo? Si no, ¿por qué no? ¿Qué te faltaba o necesitabas?

   ____

   ____

Communication			
I can talk about personal interests in the past.			

CONEXIONES CULTURALES CON EL PRESENTE

¿Hablas castellano o español?

Ejercicio 12-13

Read the *Conexiones culturales* feature on pages 388–89 of your textbook, then determine whether each statement about the Spanish language is *cierto* or *falso*.

cierto/falso 1. Los miembros de *Arqueología sin Fronteras* podían comprenderse sin problemas.

cierto/falso 2. Solamente puedes usar el español en los países donde el español es la lengua oficial.

cierto/falso 3. El español se convirtió en la lengua dominante de España durante la Reconquista.

cierto/falso 4. La Batalla de Navas de Tolosa fue un punto decisivo en la Reconquista.

cierto/falso 5. La Reconquista se completó después de 1492.

cierto/falso 6. Antes de la invasión de los musulmanes, el español era la lengua oficial en la península ibérica.

cierto/falso 7. Algunas regiones de España tienen una segunda lengua oficial, aparte del español.

cierto/falso 8. El Nuevo Mundo tenía solamente una lengua.

cierto/falso 9. España copió a los romanos y usó el español para enseñar sus leyes y su cultura.

cierto/falso 10. El español y el castellano son dos lenguas diferentes.

Ejercicio 12-14

Answer the following questions about the Spanish language.

1. Aproximadamente, ¿cuántos millones de personas hablan español hoy día?

____

2. ¿Qué lugar ocupa el español en el mundo en términos de número de hablantes nativos?

____

3. Si viajas por el mundo, ¿qué dos lenguas son las más habladas alrededor del mundo?

____

Culture			
I can explain why it is important to study Spanish today.			

 Nombre ______________________

Diálogo 12-2: Educación sin fronteras

Ejercicio 12-15

Read and listen to Diálogo 12-2 (pages 390–91 in your textbook), then answer the following questions in English. Use complete sentences.

1. What did Itzel not know about Spain?

____

2. What did Pilar enjoy about Latin America?

____

3. Now that he has collaborated online for the blog, what does Luis think will change in the future?

____

4. What does Pilar propose for the group's next project?

____

5. What is the general response of the rest of the group to Pilar's idea?

____

6. What does Itzel envision for the future of education?

____

7. When does Lupita propose that the group meet for their next project?

____

8. What country does Temo propose that they meet in?

____

9. What is Juan's objection to Temo's proposal?

____

10. What is the final decision? Where will they meet?

____

Interpretive reading and listening			
I can understand what the team members plan to do for their next meeting.			

EL FUTURO Y LA EDUCACIÓN

Repaso: El futuro

Ejercicio 12-16

Determine whether each action is in the future (FT), the present (PR), or the past (PT).

_______ 1. La mayoría de los jóvenes españoles estudian humanidades.

_______ 2. La mayoría de los jóvenes estudiarán ciencias e informática.

_______ 3. Me levanté tarde porque no oí la alarma del reloj.

_______ 4. Juan irá a ver a su abuela el martes.

_______ 5. Yo no veo la televisión porque estoy muy ocupada.

_______ 6. Mañana me sentaré a ver una película de aventuras.

_______ 7. Llegará tarde, como siempre.

_______ 8. Cenaban siempre muy tarde, a las 10 de la noche.

Ejercicio 12-17

Paso 1

Indicate whether you are *de acuerdo* (A) or *de desacuerdo* (D) with each of the following predictions.

_____ 1. Antes del año 2050, el hombre viajará a cualquier planeta de nuestro sistema solar.

_____ 2. Antes del año 2100, los seres humanos vivirán más de ciento cincuenta años, como en los días del Antiguo Testamento.

_____ 3. Un día, la ciencia eliminará la *vejez*[1]. Seremos siempre jóvenes.

_____ 4. Un día, no necesitaremos aprender idiomas. Hablaremos a través de nuestros teléfonos, y las otras personas entenderán lo que decimos.

Paso 2

Choose one of the predictions you disagreed with in Paso 1 and predict what you think will happen instead.

____

____

____

____

[1] old age

Formas irregulares del futuro

Ejercicio 12-18

Paso 1

Determine whether each action is in the future (FT), the present (PR), or the past (PT).

_______ 1. Todo saldrá bien; ya verás.

_______ 2. No quiso venir con nostros porque tenía mucho que hacer.

_______ 3. No podrán hacer ese proyecto; es demasiado difícil.

_______ 4. Pudieron hablar con él, pero no tuvieron tiempo de decirle todo lo que querían.

_______ 5. Habrá muchas discusiones, pero no sabrán qué hacer.

_______ 6. Siempre hace lo que quiere, nunca acepta consejos.

_______ 7. No querrán escuchar tus propuestas.

_______ 8. Pueden venir si quieren; no es una reunión privada.

Paso 2

Choose the verb that best completes each sentence.

1. El director no ______________ (habrá/vendrá) a la reunión.
2. Manuel ______________ (saldrá/dirá) para Sevilla el 30 de abril.
3. Mañana no ______________ (sabrá/habrá) clases porque es la fiesta del pueblo.
4. No ______________ (podremos/tendremos) ir de vacaciones este año.
5. Esta casa es muy vieja; ______________ (tendremos/haremos) que remodelarla.
6. Marta y Pedro ______________ (valdrán/harán) las tareas en la biblioteca.
7. Los plomeros ______________ (vendrán/valdrán) a las diez.

Ejercicio 12-19

Read the following article about augmented reality and education, then answer the questions that follow with complete sentences in Spanish.

El mundo digital está introduciendo cambios constantemente. Uno de esos cambios es la realidad aumentada. Inicialmente, se hablaba mucho de la realidad virtual, pero el problema de la realidad virtual es que requería crear todo un mundo virtual—como en los juegos de vídeo. Se puede tardar dos años o más en crear un solo juego, y la *inversión*[1] económica inicial es muy importante. En cambio, la realidad aumentada pone un objeto virtual dentro de un ambiente real. Por ejemplo, el juego de Pokémon GO® se hizo muy popular porque los jugadores tenían que encontrar los personajes de Pokémon® en los parques y las calles donde vivían y jugaban cada día.

El éxito de la realidad aumentada en los videojuegos hizo que muchas compañías de sectores como la arquitectura o la moda *pusieran*[2] su mirada en las posibilidades de esta tecnología. Pero no fueron los únicos sectores; el sector de la educación también vió el potencial de la realidad aumentada en el aula. Y no estamos hablando solamente de la educación primaria; las posibilidades también se extienden a la educación secundaria y universitaria.

Esta tecnología es mucho más fácil de implementar en el mundo de la educación porque no requiere una inversión económica y de tiempo tan grandes como la realidad virtual. Es por eso que la realidad aumentada está tomando tanta fuerza y las grandes compañías tecnológicas están haciendo inversiones importantes en esta tecnología. En los próximos años veremos cómo esta tecnología afecta y cambia el mundo de la educación.

1. ¿De qué tecnología se hablaba antes de la realidad aumentada?

 ____

2. ¿Cuál era el problema de la realidad virtual?

 ____

3. ¿Qué juego usaba la realidad aumentada para jugar?

 ____

4. ¿Qué otros tres sectores pueden usar la realidad aumentada?

 ____

5. ¿Por qué las grandes compañías tecnológicas están invirtiendo en la realidad aumentada?

 ____

[1] investment
[2] would put

Ejercicio 12-20

Paso 1

Reread the article in Ejercicio 12-19, then determine whether each of the following statements about the future of education is *lógico* or *ilógico*.

lógico/ilógico 1. La realidad virtual se podrá usar en las clases de biología para estudiar la célula.

lógico/ilógico 2. Las clases no tendrán profesores humanos; serán profesores de realidad aumentada.

lógico/ilógico 3. La educación no estará limitada al aula de clase. Se podrá aprender afuera o en casa.

lógico/ilógico 4. La realidad aumentada cambiará la forma en que aprendemos.

lógico/ilógico 5. Los libros desaparecerán de la educación por completo.

lógico/ilógico 6. En el futuro no tendremos que memorizar nada.

lógico/ilógico 7. Con la realidad aumentada, la educación será más interactiva y más práctica.

Paso 2

Choose an *ilógico* statement from Paso 1 and write a sentence in Spanish explaining what you think will happen instead. Then write two more sentences describing what you imagine the future of education will be and what role the internet, social media, or new technologies will play.

____

____

____

____

____

____

____

 Nombre ______________________

Ejercicio 12-21

Answer each question about your future plans. Write each answer in Spanish, using the future tense.

1. ¿En qué año te graduarás de la escuela secundaria?

   ____

2. ¿Irás a la universidad? ¿En qué año empezarás tus estudios universitarios?

   ____

3. ¿Qué carrera universitaria estudiarás?

   ____

4. ¿En qué año piensas que te graduarás de la universidad?

   ____

5. ¿Haras estudios universitarios superiores como un máster o un doctorado?

   ____

6. ¿En qué trabajarás? ¿En ciencia, educación, tecnología o profesional?

   ____

7. ¿Qué harás? ¿Te quedarás a vivir en la ciudad donde vives ahora, o te mudarás?

   ____

Communication			
I can talk about changes in technology and the future of education.			

¡ESO ESPERO! SERÍA DIVERTIDO

Repaso: El condicional

Ejercicio 12-22

Determine whether each action is in the conditional (C), the past (P), or the future (F).

_____ 1. Lo encontré en la calle; estaba perdido.

_____ 2. Me gustaría leer un libro interesante.

_____ 3. No estaremos listos a las diez; necesitaremos más tiempo.

_____ 4. ¿Tú comprarías un carro viejo con muchos kilómetros?

Ejercicio 12-23

Choose the option that best describes what you would do in each situation.

1. Tienes una cita con Julio a las 18:00 para estudiar juntos. Julio siempre llega tarde a todo.
   A. Yo llegaría puntual. No me importa si Julio llega tarde.
   B. Yo llegaría tarde porque sé que Julio va a llegar tarde de todos modos.

2. Tu amiga acaba de abrir una tienda de ropa, pero sus precios son más altos que en el centro comercial.
   A. Yo compraría la ropa en la tienda de mi amiga. Quiero ayudarla en su negocio nuevo.
   B. Yo compraría la ropa en el centro comercial. No quiero pagar más por la misma ropa.

3. Tu amigo Jonatán está en el hospital por un accidente. Tu madre está en otro hospital por una operación de apendicitis.
   A. Yo visitaría a mi amigo Jonatán primero. Un accidente es más serio que un apendicitis.
   B. Yo visitaría a mi madre primero. Mi madre tiene prioridad sobre los amigos.

4. Tuviste una semana muy dura y estás muy cansado. Estás planeando descansar el sábado, pero tu amigo necesita ayuda con una mudanza porque se va a vivir a otra ciudad lejos.
   A. Yo me quedaría en casa para descansar y lo llamaría por teléfono para despedirme.
   B. Yo lo ayudaría porque es mi amigo y no lo voy a ver en mucho tiempo.

Ejercicio 12-24

Paso 1

Felipe's cousin is always getting into trouble. Read his story and complete it with the correct verb forms.

Sé que no es difícil *meterse en*[1] un problema de vez en cuando, pero mi primo Paco siempre ______________ (tiene/tuvo/tendrá) algún problema. La semana pasada le dije, "Yo no conduciría un coche sin *frenos*[2]," pero él salió a pasear en un coche sin frenos y ______________ (tiene/tuvo/tendrá) un accidente. No le ______________ (pasa/pasó/pasará) nada grave, pero un día ______________ (tiene/tuvo/tendrá) un accidente serio. Lo chistoso es que me invitó a ir con él en el coche sin frenos. Mi respuesta fue simple: "¡No ______________ (voy/iré/iría) contigo, ni por un millón de dólares!"

El problema de mi primo Paco es que no se ______________ (toma/tomó/tomará) nada en serio, y cree no le ______________ (pasa/pasó/pasará) nada, que todo le ______________ (sale/salió/saldrá) bien siempre. Así que la semana pasada no me ______________ (escucha/escuchó/escuchará) a mí cuando le ______________ (digo/dije/diré) que conducir sin frenos ______________ (es/era/será) una *locura*[3]. Todos tenemos la esperanza de que un día ______________ (aprende/aprendió/aprenderá) la lección y ______________ (deja/dejó/dejará) de hacer locuras.

Paso 2

Based on Felipe's account in Paso 1, give Paco some advice. Tell him what you would do in his situation.

Modelo
Yo escucharía los consejos de tu primo Felipe.

1. ____
2. ____

Paso 3

What would you do in a similar situation? Answer each question with a complete sentence in Spanish.

1. ¿Irías en un coche sin frenos?

   ____

2. ¿*Aconsejarías*[4] a tu primo o amigo si ves que va a hacer algo peligroso?

   ____

3. Si planeas algo peligroso, ¿escucharías los consejos de algún familiar o amigo?

   ____

[1] to get into (trouble)
[2] brakes
[3] madness, folly
[4] to give advice, to advise

Ejercicio 12-25

Indicate whether each sentence relates a plan (PL), a prediction (PR), or a wish (W).

_______ 1. Un día no habrá enfermedades graves como el cáncer.

_______ 2. ¡Me comería una paella de marisco ahora mismo!

_______ 3. Estudiaré mucho y seré médico.

_______ 4. ¡Viviría cerca del mar! No me gustan las ciudades.

_______ 5. Marta corre muy rápido. Un día ganará la medalla de oro en las olimpiadas.

Ejercicio 12-26

Write a sentence in Spanish for each item. Each sentence should be unrelated to the other two.

1. a plan you have to visit another country, complete further studies, or apply for a job

____

2. a wish you have to visit another country, complete further studies, or get a job

____

3. a prediction regarding yourself, a family member, or a friend

____

Communication		
I can say what I would do in specific situations; give advice to others; and express plans, hopes, and expectations.		

CONEXIONES CULTURALES CON EL PASADO

La religión en España

Ejercicio 12-27

Read the *Conexiones culturales* feature on pages 400–401 of your textbook. Then determine whether each statement about religion is *cierto* or *falso*.

cierto/falso 1. Las creencias religiosas no tienen influencia en la cultura de un país.

cierto/falso 2. Muchas prácticas paganas en Europa terminaron cuando entró el cristianismo.

cierto/falso 3. Los sacrificios humanos en las Américas estaban conectados a sus religiones paganas.

cierto/falso 4. La iglesia católica tuvo poca influencia en la historia de España.

cierto/falso 5. Muchos españoles asisten a las celebraciones de Semana Santa.

cierto/falso 6. El catolicismo romano es la religión oficial de España hoy día.

cierto/falso 7. España es cada vez más secular desde hace unas décadas.

Ejercicio 12-28

Match each term with the correct definition.

_____ 1. el camino de Santiago

_____ 2. la Santa Inquisición

_____ 3. la misa

_____ 4. el apóstol Santiago

_____ 5. Bartolomé de las Casas

_____ 6. las Leyes Nuevas

_____ 7. la Semana Santa

A. patrón de la Reconquista
B. la última semana de la vida de Cristo
C. una ruta de peregrinaje
D. culto religioso católico
E. un monje que denunció la esclavitud en las Américas
F. tribunal de la Iglesia Católica para juzgar a los herejes
G. decreto para abolir la esclavitud en las Américas

Culture			
I can evaluate Spain's religious history and present spiritual needs.			

HIMNOS Y CORITOS

He decidido seguir a Cristo

Key of C

C F C
1. He decidido seguir a Cristo;
C7 F C
He decidido seguir a Cristo;
Em Am
He decidido seguir a Cristo;
G7 C D7 G7 C
No vuelvo atrás, no vuelvo atrás.

C F C
2. Atrás el mundo, la cruz delante;
C7 F C
Atrás el mundo, la cruz delante;
Em Am
Atrás el mundo, la cruz delante;
G7 C D7 G7 C
No vuelvo atrás, no vuelvo atrás.

C F C
3. Aunque voy solo, yo sigo a Cristo;
C7 F C
Aunque voy solo, yo sigo a Cristo;
Em Am
Aunque voy solo, yo sigo a Cristo;
G7 C D7 G7 C
No vuelvo atrás, no vuelvo atrás.

LETRA: Estr. 1 y 3 autor desconocido; estr. 2 Roberto C. Savage, 1914–87
MÚSICA: Melodía folclórica de la India
Himnos Majestuosos, 620

Solamente en Cristo

Key of E flat Guitar: Capo 1

D A7
1. Solamente en Cristo, solamente en él,
A D
La salvación se encuentra en él.
G D
No hay otro nombre dado a los hombres;
D A7 D
Solamente en Cristo, solamente en él.

D A7
2. En San Juan catorce y el verso seis,
A D
Dice Jesús: "Soy la verdad,
G D
Soy el camino, también la vida;
D A7 D
Nadie viene al Padre, si no es por mí."

D A7
3. San Pedro dijo y lo afirmó:
A D
"Sólo en Jesús hay salvación".
G D
También San Pablo al carcelero
D A7 D
Le habló de Cristo y su salvación.

LETRA: Basada en Juan 14:6, Hechos 4:12; 16:31–32
MÚSICA: Tradicional
Himnos Majestuosos, 585

En la cruz

Key of E flat Guitar: Capo 1

D
1. Con pena amarga fui a Jesús
G D A7 D A
Mostréle mi dolor;
D
Perdido, errante, vi su luz,
Em7 D A7 D
Bendíjome en su amor.

Coro

D A
En la cruz, en la cruz, do primero vi la luz,
A7 D
Y las manchas de mi alma yo lavé;
D G D
Fue allí por fe do vi a Jesús,
Em7 A7 D
Y siempre feliz con él seré.

D
2. Sobre una cruz, mi buen Señor,
G D A7 D A
Su sangre derramó
D
Por este pobre pecador
Em7 D A7 D
A quien así salvó.

D
3. Venció la muerte con poder,
G D A7 D A
Y al cielo se exaltó;
D
Confiar en él es mi placer,
Em7 D A7 D
Morir no temo yo.

D
4. Aunque él se fue, solo no estoy,
G D A7 D A
Mandó al Consolador,
D
Divino Espíritu que hoy
Em7 D A7 D
Me da perfecto amor.

LETRA: Isaac Watts, 1674–1748; Ralph Hudson, 1843–1901; trad. Pedro Grado Valdés, 1862–1923
MÚSICA: Ralph E. Hudson, 1843–1901
Himnos Majestuosos, 235

Cristo me ama

Canon a cinco voces

Key of F Guitar: Capo 1

E B7 E
V1 Cristo me ama, esto sé,
E B7 E
V2 Y a la cruz, él mismo fue.
E B7 E
V3 Su sangre dio, del pecado me libró;
E B7 E
V4 Su sangre dio, del pecado me libró;
E B7 E
V5 Y mi vida transformó.

LETRA: Ron Hamilton, 1950–; Theresa Bixby, 1951–
MÚSICA: Tradicional
Himnos Majestuosos, 132

¡Noche de paz! ¡Noche de amor!

Key of B flat Guitar: Capo 1

A
1. ¡Noche de paz, noche de amor!
E7 A
Todo duerme en derredor,
D A
Entre los astros que esparcen su luz,
D A
Bella anunciando al niñito Jesús,
E7 E7 A
Brilla la estrella de paz,
E7 A
Brilla la estrella de paz.

A
2. ¡Noche de paz, noche de amor!
E7 A
Oye humilde el fiel pastor,
D A
Coros celestes que anuncian salud,
D A
Gracias y glorias en gran plenitud,
E7 E7 A
Por nuestro buen Redentor,
E7 A
Por nuestro buen Redentor.

A
3. ¡Noche de paz, noche de amor!
E7 A
Ved que bello resplandor
D A
Luce en el rostro del niño Jesús,
D A
En el pesebre, del mundo la luz
E7 E7 A
Astro de eterno fulgor,
E7 A
Astro de eterno fulgor.

LETRA: Joseph Mohr, 1792–1848; trad. Federico Fliedner, 1845–1901
MÚSICA: Franz Gruber, 1787–1863
Himnos Majestuosos, 216

Al mundo paz

Key of D

D A7 D
1. ¡Al mundo paz, nació Jesús!
G A D
Nació ya nuestro Rey;
El corazón ya tiene luz,
D
Y paz su santa grey,
A A7
Y paz su santa grey,
A7 D G D G D A7 D
Y paz, y paz su santa grey.

D A7 D
2. ¡Al mundo paz, el Salvador
G A D
En tierra reinará!
Ya es feliz el pecador,
D
Jesús perdón le da,
A A7
Jesús perdón le da,
A7 D G D G D A7 D
Jesús, Jesús perdón le da.

D A7 D
3. Al mundo él gobernará
G A D
Con gracia y con poder;
A las naciones mostrará
D
Su amor y su poder,
A A7
Su amor y su poder,
A7 D G D G D A7 D
Su amor, su amor y su poder.

LETRA: Isaac Watts, 1674–1748; trad. desconocido
MÚSICA: George Frederick Handel, 1685–1759; arreg. Lowell Mason, 1792–1872
Himnos Majestuosos, 187

Regocíjate en él

Key of E flat Guitar: Capo 1

D Bm Em A7
1. Dios siempre obra en sincero amor,
D Bm Em A7
Cuando prueba a su siervo al hacerle mejor.
D Bm Em A7
Da gracias durante la dificultad,
G A7 D
En sombras Hosannas dará.

Coro

D Bm Em A7
Regocíjate en él, es justo y verdad,
D Bm Em A7
Mi camino conoce, soy su propiedad;
Bm F#m G Gm
Mas me probará, me limpiará,
D A7 D
A oro igual saldré.

D Bm Em A7
2. Cuando no veo el sendero allá,
D Bm Em A7
Sólo miro a Cristo y me bastará.
D Bm Em A7
Me inclino a él y a su voluntad,
G A7 D
Me calma y no hay ansiedad.

D Bm Em A7
3. Pruebas ya sé de lo alto vendrán,
D Bm Em A7
Como ama a sus hijos, nos renovarán.
D Bm Em A7
Confío en él, siempre sabe mejor;
G A7 D
Si sufro, tendré más valor.

LETRA: Ron Hamilton, 1950–; trad. Ruth Ann Flower, 1941–
MÚSICA: Ron Hamilton, 1950–
Himnos Majestuosos, 468

No temeré con Cristo

Key of D

D D D7 D7
1. La oscuridad abrigada en maldad
D7 Dm7 G
Y peligros que no puedo ver;
Gm D D
No temo ya, pues conmigo él está
Em G/A A7 D
Y mora en mi ser.

Coro

G A/G F#m Bm
Con compasión y devoción
Em A7 D A7/E D/F#
Siempre me cuida en su amor;
G A/G F#m B7
Rey de la paz, él es capaz,
Em A7 A7/D D
No temeré con Cristo.

D D D7 D7
2. Firme en la fe no pregunto el porqué,
D7 Dm7 G
No hay nada que pueda pasar;
Gm D D
Su voluntad es mi seguridad,
Em G/A A7 D
En él hay bienestar.

D D D7 D7
3. Va por doquier vigilando mi ser;
D7 Dm7 G
Y conmigo está su solaz;
Gm D D
Cuento con él, es mi ayuda tan fiel,
Em G/A A7 D
Me da perfecta paz.

LETRA: Ron Hamilton, 1950–; trad. Ruth Ann Flower, 1941–
MÚSICA: Ron Hamilton, 1950–
Himnos Majestuosos, 402

Photo credits

Key: (t) top; (c) center;
(b) bottom; (l) left; (r) right

Chapter 1

15tl New Africa/Shutterstock.com; **15**tr AndreyPopov/iStock/Getty Images Plus/Getty Images; **15**cl Pascal Deloche/Stone/Getty Images; **15**cr PeopleImages/E+/Getty Images; **15**bl Jevtic/iStock/Getty Images Plus/Getty Images; **15**br Morsa Images/Stone/Getty Images

Chapter 3

55tl Stefan Tomic/iStock/Getty Images Plus/Getty Images; **55**tc acceptfoto/iStock/Getty Images Plus/Getty Images; **55**tr dszc/iStock/Getty Images Plus/Getty Images; **55**ctl gerenme/iStock/Getty Images Plus/Getty Images; **55**ctc Jose Luis Pelaez Inc/DigitalVision/Getty Images; **55**ctr baona/E+/Getty Images; **55**cbl TravisPhotoWorks/iStock/Getty Images Plus/Getty Images; **55**cbc peterspiro/iStock/Getty Images Plus/Getty Images; **55**cbr aldomurillo/iStock/Getty Images Plus/Getty Images; **55**bl rilueda/iStock/Getty Images Plus/Getty Images; **55**bc Mint Images/Mint Images RF/Getty Images; **55**br Rich Townsend/iStock Editorial/Getty Images Plus/Getty Images; **66**tl dolphfyn/Shutterstock.com; **66**tc Tim UR/Shutterstock.com; **66**tr kieferpix/iStock/Getty Images Plus/Getty Images; **66**ctl Syomao/Shutterstock.com; **66**ctr Nattika/Shutterstock.com; **66**cbl Tim UR/Shutterstock.com; **66**cbc bergamont/Shutterstock.com; **66**cbr Valentyn Volkov/Shutterstock.com; **66**bl Hong Vo/Shutterstock.com; **66**br DONOT6_STUDIO/Shutterstock.com

Chapter 5

99tl jokerpro/iStock/Getty Images Plus/Getty Images; **99**tc Pixel-Shot/Shutterstock.com; **99**tr Yurdakul/iStock/Getty Images Plus/Getty Images; **99**ctl Andrey_Popov/Shutterstock.com; **99**ctc stocknroll/E+/Getty Images; **99**ctr CoolPhotoGirl/Shutterstock.com; **99**cbl Pix11/iStock/Getty Images Plus/Getty Images; **99**cbc Image Source/DigitalVision/Getty Images; **99**cbr DonNichols/iStock/Getty Images Plus/Getty Images; **99**bl poligonchik/iStock/Getty Images Plus/Getty Images; **99**bc Maxx-Studio/Shutterstock.com; **99**br Roman Milert/EyeEm/Getty Images

Chapter 6

123tl Alexei Fateev/Alamy Stock Photo; **123**tr Megapress/Alamy Stock Photo; **123**cl AlexRaths/iStock/Getty Images Plus/Getty Images; **123**cr ambrozinio/Alamy Stock Photo; **123**bl BigPixel Photo/Shutterstock.com; **123**br Wolfgang Filser/Shutterstock.com; **130** Public Domain; **135** AGCuesta/Shutterstock.com

Chapter 7

150 Slava SelfStudio/Shutterstock.com; **161**tl Nomad_Soul/Shutterstock.com; **161**tcl Betsie van der Meer/Stone/Getty Images; **161**tcr Comstock Images/Stockbyte/Getty Images; **161**tr payphoto/iStock/Getty Images Plus/Getty Images; **161**bl Andrey_Popov/Shutterstock.com; **161**bcl Jolanta Petraityte/EyeEm/Getty Images; **161**bcr SDI Productions/E+/Getty Images; **161**br SDI Productions/E+/Getty Images

Chapter 9

193tl Sarawut A/Shutterstock.com; **193**tc EmirMemedovski/E+/Getty Images; **193**tr Terry Vine/DigitalVision/Getty Images; **193**ctl FooTToo/Shutterstock.com; **193**ctc ileana_bt/Shutterstock.com; **193**ctr Vasily Pindyurin/Getty Images; **193**cbl andresr/E+/Getty Images; **193**cbc joakimbkk/E+/Getty Images; **193**cbr Image Source/Getty Images; **193**bl Westend61/Getty Images; **193**bc stevecoleimages/E+/Getty Images; **193**br andresr/E+/Getty Images; **194**tl kali9/E+/Getty Images; **194**tr KJimages/iStock/Getty Images Plus/Getty Images; **194**ctl Eric Broder Van Dyke/123RF; **194**ctr Andrei Nekrassov/Shutterstock.com; **194**cbl AprylRED/iStock/Getty Images Plus/Getty Images; **194**cbr Nicholas Lamontanaro/Shutterstock.com; **194**bl andresr/E+/Getty Images; **194**br TasfotoNL/iStock Editorial/Getty Images Plus/Getty Images; **196**tl Mauricio Graiki/Shutterstock.com; **196**tc Westend61/Herbert Meyrl/Media Bakery; **196**tr Shishkin Dmitry/Shutterstock.com; **196**bl DieterMeyrl/E+/Getty Images; **196**bc pedrosala/iStock/Getty Images Plus/Getty Images; **196**br Pekic/E+/Getty Images

Chapter 12

266 agefotostock/Alamy Stock Photo; **269** Jose Miguel Ribera Cayola/EyeEm/Getty Images